그래서
브랜딩이
필요합니다

그래서
브랜딩이
필요합니다

전우성

수많은 이름 중에
단 하나의 브랜드가
되기 위한 방법

북스톤

새롭게 개정판을 내며

안녕하세요?《그래서 브랜딩이 필요합니다》의 작가이자 여전히 브랜딩 디렉터로 활동하고 있는 전우성입니다. 개정판을 통해 여러분을 다시 만나서 반갑습니다. 이 책이 세상에 나온 지도 벌써 3년이라는 시간이 흘렀습니다. 책을 처음 출간했을 때는 예상치 못했는데요. 그간 많은 독자분의 사랑을 받았습니다.

어떤 분은 그러시더라고요.《그래서 브랜딩이 필요합니다》가 브랜딩을 고민하는 분들의 필독서라고 말이죠. 정말 감사한 말씀입니다. 왜 이런 사랑을 받았는지는 저도 솔직히 잘 모르겠습니다만, 독자분들의 공통된 의견 중 하나가 있었습니다. 그간의 딱딱한 이론서와 달리 저자의 경험에서 나온 실용서라 더욱 글이 와닿았고, 이해하기도 쉬워 브랜딩 업무에 바로 적용할 부분이 많다고 말이죠.

돌이켜 보면 제가 《그래서 브랜딩이 필요합니다》를 낸 이유도 바로 여기에 있었습니다. 저의 경험담과 생각을 담은 브랜딩 서적을 내고 싶었거든요. 물론 누구나 아는 유명 브랜드의 성공 케이스를 담은 책도 좋지만, 저자가 그 브랜딩을 직접 진두지휘한 것이 아니기에 한편으로는 '정말 그래서 그 기업이 성공한 걸까?'라는 의문이 드는 지점도 많았습니다. 이런 의문의 연장선으로 다시 개정판을 내면서 기존의 제 생각들은 그대로 유지하되, 더 말씀드리고 싶은 부분들을 최대한 담고자 노력했습니다.

3년은 길고도 한편으론 짧은 시간이기에 그간 제 생각이 크게 바뀌지는 않았을 것입니다. 그럼에도 불구하고 어떤 부분을 더 추가하여 말씀드리면 좋을지 다시 한번 글을 한 줄 한 줄 읽어보면서 검토했습니다. 이전에 그랬던 것처럼 새롭게 출간한 《그래서 브랜딩이 필요합니다》도 독자분들의 많은 사랑을 받았으면 하는 개인적인 바람과 함께 짧은 인사를 마칩니다.

브랜딩을 고민하는 분들에게

아마도 이 책을 펼쳐 든 분들이라면 '브랜딩'이라는 단어에 조금이라도 관심이 있으실 테지요. 우선 저와 같은 관심사를 가진 여러분, 반갑습니다.

저는 2000년대 초반 브랜딩이란 단어를 처음 접했습니다. 대학원에서 마케팅 커뮤니케이션을 전공했지만, 브랜딩이란 것은 제가 배우고 이해했던 마케팅과는 솔직히 많이 달랐습니다. 브랜딩은 단지 직접적인 판매고를 높이기 위한 행위가 아닌, 우리는 누구이고 어떻게 사람들에게 보이거나 불리고 싶은지, 어떤 모습으로 우리를 기억시킬 것인지에 대한 과정이었습니다. 또 어떤 방식으로 사람들의 관심을 끌고 좋아하게 만들지, 어찌 보면 이성보다 감성적인 무엇이었어요. 더 나아가 그들의 마음속에 무엇으로 러브마크를 찍을 것인지에 대한 고민이기도 했고요.

당시 브랜딩의 '브' 자도 잘 모르는 상태였는데, 서점에 몇 권 있지도 않은 관련 책들을 열심히 읽으면서 브랜딩에 대해 더 관심을 갖고 제가 몸담고 있는 브랜드에 어떻게든 대입해보았습니다. 그러다 브랜딩을 자연스럽게 제 업의 방향으로 선택하면서, 그때부터 저의 브랜딩에 대한 기나긴 여정이 시작되었습니다. 세상에 쉬운 일은 없듯이 브랜딩 역시 마찬가지였습니다. 사람의 마음을 움직이는 작업이 쉬울 리 없는 것은 너무나 당연하죠. 한두 번 시도한다고 금방 되는 일도 아니었고요. 하지만 그렇게 한 걸음 한 걸음 나름대로 오랜 기간 브랜딩을 경험하면서, 브랜드와 브랜딩에 대한 저의 생각이 점점 또렷이 자리 잡히기 시작했습니다. 그 과정에 이르기까지 수많은 질문과 고민, 시행착오를 동반한 크고 작은 소중한 경험들이 있었음은 물론이고요.

브랜딩이란 무엇일까? 그것은 왜 해야 하는 걸까? 어디서부터 시작하고 또 어떻게 진행해야 할까? 성공적인 브랜딩을 위해서는 어떤 것들이 필요할까? 어찌 보면 막연하지만, 저 역시도 브랜딩을 업으로 해오면서 늘 고민했던 질문들입니다.

하지만 브랜딩에 관심 많던 마케터로 커리어를 시작해 어느덧 브랜딩 디렉터란 직함을 달고, 그 이후로 다양한 브랜드를 이끌며 여러 프로젝트를 직접 기획하고 실행해오면서, 그리고 일상에서 다양한 브랜드를 접하고 몸소 경험하면서 저만의 답들을 조금씩 찾아가게 되었습니다. 그것을 이 글에 담아보았습니다. 이것이 정답이라 단정 지을 수는 없겠지만, 지금까지의 제 경험과 생각이 누군가에게는 반드시 필요한 이야기이고 더 나아가 영감을 줄 수 있다면 그것만으로도 저에겐 큰 의미가 있습니다. 이 역시도 브랜딩 디렉터로서 작게나마 세상에 기여할 수 있는 저의 역할일지도 모르겠습니다.

앞서 개정판 출간 인사에서 말씀드렸듯이 이 책은 브랜딩에 대한 제 경험과 생각의 정리집과도 같습니다. 지금껏 경험해보니 브랜딩은 이런 것 같다는 제 나름의 결론인 셈이죠. 그래서 최대한 제가 직접 기획한 프로젝트들을 예시로 들고, 그 구체적인 과정들 그리고 몸소 경험한 다양한 브랜드의 사례들로만 책을 구성했습니다. 이 책이 실제로 브랜딩을 고민하고 계신 모든 분께 조금이나마 도움이 되면 좋겠습니다.

전우성.

차 례

브랜딩이 왜 필요하세요?

과거 한 브랜드에서의 여정을 마치고 다른 브랜드로 이직하는 사이, 잠시의 공백기가 있었습니다. 공식적인 휴식기여서 그런지 몰라도, 다양한 스타트업(이라는 표현보단 '대기업이 아닌 기업'들이란 표현이 더 맞을 것 같습니다) 대표님들과 만나 대화를 나누는 자리가 이전보다 빈번히 생기곤 했죠. 저의 다음 행보를 위한 만남도 있었지만, 그보다는 그분들이 기업을 운영하며 겪는 이런저런 다양한 고민을 듣는 자리가 더 많았어요. 그렇게 대화하다 보면 저 또한 분명 얻게 되는 것들이 있으리란 생각으로 말이죠. 그분들이 다양한 경로로 제게 먼저 연락을 주시고 만남을 청하는 이유는 한 가지입니다.

"우리 회사도 브랜딩이 필요해요."

그럼 전 반드시 다시 물었습니다.

"브랜딩이 왜 필요하세요?"

　제가 이런 질문을 던지는 이유는 기업의 성장에서 브랜딩에 집중해야 할 단계가 있는가 하면, 그보다 다른 여러 문제를 해결하는 일이 먼저일 때도 있기 때문입니다. 그렇지만 경험상 치열한 경쟁에서 살아남아 현재 성장 중인 기업이라면 '브랜딩'이란 단어를 놓고 고민하는 시기가 반드시 오게 되어 있습니다.

　브랜딩의 필요를 묻는 저의 질문에 기업 대표분들은 다양한 답을 주셨습니다. 저는 그 답변들에서 브랜딩이 기업마다 어떤 역할을 할 수 있는지 그리고 브랜딩에 어떤 기대를 품고 있는지 자연스럽게 알 수 있었습니다.

제품으로만 기억되고 싶지 않아요

보통 제조업 중심의 기업에서 이런 고민이 많은 편입니다. 열심히 마케팅(소셜미디어 채널 중심의 퍼포먼스 마케팅)을 해서 제품도 잘 팔리고 매출도 오르고 있는데 사람들이 정작 기업의 이름은 모른 채 '○○ 제품'으로만 인지한다는 것입니다. 예를 들면 한때 유행했던 마약 베개 등이 그러한데요. '마약'이란 자극적인 단어를 사용해서 고객의 관심을 끄는 데는 일단 성공했고 자연스럽게 제품의 인지도와 매출을 높였지만, 정작 어떤 브랜드라는 인식이 없었습니다. 제품이 아닌 브랜드 자체가 더 알려져야 그 기업의 다른 제품들도 그간 쌓인 신뢰를 바탕으로 마케팅을 더 수월하게 전개할 수 있습니다. 즉 브랜드 인지도를 높여야 새로운 제품을 론칭할 때 사람들에게 인식시키기 위한 마케팅을 처음부터 다시 시작하지 않아도 되어, 그에 필요한 시간과 비용을 줄일 수 있다는 얘기입니다.

생산자로만 남고 싶지 않아요

이는 앞선 이야기와 비슷한 것 같지만 그 뉘앙스가 조

금 다릅니다. 지금껏 단기적인 마케팅 효율에만 집중하다 보니 기업의 이름이 브랜드로 인지되기보단 그저 제조사명으로 여겨지는 것 같아 고민이라는 말인데요. 그래서 제조사를 넘어 기업이 가진 생각이나 철학을 알릴 수 있는 브랜딩이 필요하지만, 내부에서 그런 전략을 짜기가 어렵다는 것입니다.

사람들에게 단지 기업명이 아닌 브랜드명으로 인식되는 것이 중요한 이유는 명확합니다. 결국 사람들의 기억에는 브랜드가 남기 때문이죠. 어느 대표님이 말씀하신 예시가 기억에 오래 남습니다. "과장된 비유겠지만 우리는 폭스콘(아이폰 하드웨어를 만드는 제조사명)이 아닌 애플로 기억되고 싶어요."

의사 결정의 기준이 없어요

"지금까지는 열심히 매출 올리는 일에만 집중했어요. 그러다 사업을 확장하면서 의사 결정을 해야 하는 순간들이 많이 늘어났어요. 그런데 내부에 기준이 없다 보니 일관된 결정을 하기가 힘들어요." 고객을 대상으로 하는 모든 의사 결정의 기준은 브랜딩에서 나온다고 생각합니다. 즉, 브랜드에 대한 정의, 브랜드가 추구하는 방향, 우리 브랜드만의 모습에 대한 고민, 브랜드가 고객에게 심어주고자 하는 인식 등이 부재하다 보니, 크게는 비즈니스 방향부터 작게는 디자인과 홍보 메시지에 대한 부분까지 모든 관련 의사결정이 기준 없이 이루어지고 있어 고민이라는 것입니다. 그 브랜드만의 명확한 정체성과 사람들에게 전달해야 할 가치 정립 그리고 일관된 톤앤매너가 필요한 상황입니다.

브랜드에 대한 가이드가 필요해요

흥미롭게도 이 답변은 제품 디자인을 총괄하는 분들께 공통적으로 들었습니다. 브랜드가 추구하고자 하는 방향에 따라 서비스의 모습이나 디자인이 만들어지고 또 바뀔 수밖에 없는데, 이를 계속 관리 감독하며 끌고 나갈 부서가 내부에 없는 상태에서 그저 외부 에이전시 혹은 외부 전문가에게만 맡기기에는 리스크가 크다는 것입니다. 여기서 리스크란 비용적 리스크가 아닌, 일의 이해도와 책임감 그리고 지속성의 리스크를 의미합니다.

요즘 세대가 좋아하는 트렌디한 것을 하고 싶어요

이건 조금 다른 각도의 생각이었는데요. 제품을 홍보하고 소셜미디어를 운영하는 등 늘 하는 고정적인 마케팅이 아닌, 젊은 세대의 눈에 띄는 신선한 마케팅 활동을 브랜딩이라고 생각하는 사례입니다. 제 생각에 이는 반은 맞고, 반은 틀립니다. 맞는 이유는 차별화된 크리에이티비티가 브랜드를 알리는 데 분명 도움이 되기 때문입니다. 이는 제가 '29CM' 재직 당시 크게 신경 쓰고 집중했던 부분이기도 하고요. 한편, 틀린 이유는 차별화는 브랜딩을 위한 중요한 요건 중 하나이지만(특히 시장의 후발주자로 진입한 기업들은 더더욱), 오직 이것만으로 사람들의 기억에 남고 꾸준히 선택받을 수 있는 브랜드를 만들지는 못하기 때문입니다. 또한 트렌디한(유행을 따라가는) 방식의 마케팅 활동은 브랜딩에 그다지 큰 도움이 되지 않기도 하고요. 트렌드라는 것은 늘 좇아야 하는 대상입니다. 그래서 리드하기보다는 대부분 따라갈 수밖에 없죠. 그보다는 오히려 차별화된 브랜드 커뮤니케이션 '방식'을 찾아야 합니다. 그것이 우리 브랜드만의 모습을 만드는 과정이며 이 역시 브랜딩의 영역에 포함됩니다.

브랜드 가치를 올리고 싶어요

답변이 조금 광범위한 것 같아 그 이유를 자세히 여쭤 봤더니, 결국 사람들이 좋아하는 브랜드가 되어 기업의 이미지가 좋아지면 자연스럽게 브랜드와 회사 가치도 높아지지 않겠냐는 답변이 돌아왔습니다. 흥미로운 점은 제 질문에 대해 "더 많은 매출을 올리고 싶어서"라고 직접적으로 답한 분들은 없었다는 것입니다.

예전에 어느 칼럼에서 앞으로의 시대에는 장기적인 브랜딩보다 단기 퍼포먼스 중심으로 기업 운영이 바뀔 것이라는 내용을 읽은 적이 있습니다. 어느 정도 이해는 갔습니다. 변화의 속도는 빨라지고 기업은 이에 맞춰 성장해야 하는데, 그러기 위해선 미래의 내 모습과 위치를 구상하기보다는 당장 내일의 수입이 더 중요하기 때문입니다. 하지만 다양한 업종에서 기업을 이끌고 있는 리더분들을 만나보니, 앞서 언급한 것처럼 기업의 성장 단계에서 어느 시점이 되면 브랜딩에 대해 고민할 수밖에 없음을 다시금 확인할 수 있었습니다. 오히려 단기 실적에만 신경 쓰다 보니 브랜드의 이미지가 점점 엉망이 되고 있다고 걱정하시는 분도 계셨고요.

하지만 현재는 앞서 얘기한 칼럼의 주장과는 다른 방향으로 상황이 많이 바뀌었습니다. 퍼포먼스 마케팅의 효율이 예전에 비해 많이 떨어졌어요. 디지털 광고의 시장이 커지면서 그 경쟁이 치열해지고, 이에 따라 자연스럽게 광고당 비용 혹은 노출당 비용이 증가하여 동일한 비용으로도 예전보다 더 적은 성과를 낼 수밖에 없는 한계에 부딪히게 되었습니다. 애플의 정책적인 변경(개인정보 보호를 위한 앱 트래킹 금지 조항)의 영향으로 퍼포먼스 마케팅의 타기팅 효율이 낮아진 점도 여기에 한몫했습니다. 또한 페이스북 등 소셜미디어의 주요 광고 플랫폼의 알고리즘이 자주 바뀌고 그때마다 광고를 다시 세팅해야 하기에 그 효율성도 예전 같지 않게 된 점도 있고요. 여기에 더해 제3자 쿠키 사용 제한 정책으로 사용자의 행동을 추적하고 맞춤 광고를 제공하기도 더욱 어려워졌죠.

이러한 정책적 변화 외에도 무분별하게 소셜미디어를 가득 채우고 있는 광고에 사용자들이 심한 피로를 느끼고 예전만큼 관심을 보이지 않게 된 영향도 굉장히 크다고 할 수 있습니다. 저 역시도 소셜미디어 광고를 보면 꺼버리거나 바로 넘어가곤 하니까요. 퍼포먼스 광고가 일반화되면서 사용자의 기대치도 올라갔기 때문에 이제 단순한 광고로는 사용자의 관심을 끌기가 쉽지 않습니다.

이에 따라 브랜딩의 중요성은 예전에 비해 훨씬 높아졌습니다. 무분별한 퍼포먼스 광고보다는 소비자의 신뢰도가 더 중요해졌고요. 시장에 다양한 상품과 서비스가 넘쳐나면서 제품 자체만으로는 차별화가 더 어려워지고 있죠. 그렇기 때문에 기업이 경쟁사들과 차별화할 수 있는 중요한 수단으로 브랜딩이 요즘 더욱 부각되고 있습니다. 퍼포먼스 광고 비용의 증가와 효율이 점점 낮아지는 현상으로, 기업들은 단기 광고에 의존하기보다 장기적으로 브랜드 인지도를 높이는 것이 더 효율적이라는 생각이 강해졌죠. 인지도가 높아진 브랜드는 광고 비용을 줄이고도 상대적으로 높은 성과를 낼 수 있기 때문입니다. 브랜딩이 잘된 기업은 퍼포먼스 마케팅의 타기팅에 의존하지 않아도 소비자에게 어필할 수 있기도 하니 말이죠.

따라서 앞에서 언급한 칼럼에서 앞으로 장기적인 브랜딩보다 단기 퍼포먼스 중심으로 바뀔 것이라는 주장은 이제 다시 브랜딩 중심으로 전환되는 시대를 맞이했다고 뒤집어 말해야 할 것입니다. 이제는 신생 브랜드조차 브랜딩에 신경 써야 하는 시대가 되었다고 말해도 과언이 아닙니다.

  그럼에도 불구하고 결국 브랜딩이냐 당장의 퍼포먼스냐의 문제는 무엇이 맞고 틀리고가 아닌, 두 영역의 시너지와 밸런스의 문제라고 할 수 있습니다. 브랜드 인지도가 확보된 상태에서의 퍼포먼스 마케팅이 더 큰 효과를 발휘할 수 있고, 기업의 성장 단계에 따라 그 밸런스가 중요하단 얘기죠. 물론 저는 아직도 모든 비즈니스는 브랜딩에서 출발해야 하며, 브랜딩이 잘되어 있다면 일반적인 방식의 마케팅 의존도는 낮아질 것이라 믿는 편이긴 합니다. 그렇다면 여기서 생각해볼 점이 있습니다. 브랜딩이란 무엇일까요?

브랜드와 브랜딩

브랜딩을 논하기 전에 우선 브랜드에 대해서 얘기해보고 싶은데요. 브랜드라는 단어의 어원은 자기 소유의 가축에 인두로 각인하는 행위에서 비롯됐다는 말이 있습니다. 들판의 수많은 가축 중 내 소유를 찾아야 하고, 남들에게도 이것은 내 소유임을 보여줘야 할 필요가 있기 때문에 자신만의 징표를 가축의 표피에 새겨 넣은 것이죠. 그 밖에도 위스키 양조업자들이 통에 든 위스키가 자기 것임을 표시하기 위해 오크통 표면에 자신만의 무언가를 새기는 행위에서 비롯된 단어라는 얘기도 있고요. 어느 것이 더 정확한 정보인지는 저도 알 수 없습니다. 하지만 이 어원대로 생각해본다면 브랜드라는 것은 자신을 대변하는 징표이며, 남들에게 자신의 존재를 알리고 남들과 자신을 구분 짓게 하는 이름표이자 상징과도 같다고 얘기할 수 있습니다. 오늘날 모든 기업의 제품과 서비스에 자신만의 이름과 상징(심벌)이 있는 것은 곧 이것이 우리 소유의 브랜드라는 의미와 별반 다르지 않죠.

그렇다면 브랜딩은 무엇일까요? 브랜드와 달리 브랜딩은 브랜드에 'ing'가 붙은 진행형입니다. 이름이자 심벌과도 같은 브랜드에 우리만의 의미를 담은 행위, 즉 브랜드를 그 브랜드답게 만들어가는 모든 과정이자 남들과 구별되는 우리 브랜드만의 가치를 만드는 행위가 바로 브랜딩입니다. 다시 말해 우리 브랜드가 상징하는 이미지를 만들어가는 일이자, 우리 브랜드를 접하는 사람들에게 그것을 전하고 기억하게 만드는 행위인 것입니다. 행위라는 단어에서 알 수 있듯이 이것은 지속적으로 이어가야 하는 일이기에 브랜딩에는 (브랜드가 세상에서 사라지지 않는 한) 완성이란 것이 있을 수 없습니다. 계속해서 남들과 다른 모습 그리고 이를 넘어 그 브랜드다운 모습을 사람들에게 보여줘야 하고, 다양한 방식으로 끝없이 어필해야 하죠. 그러기 위해선 사람들의 마음속에 무엇을 남길지, 우리 브랜드다운 모습이 무엇인지를 먼저 고민해볼 필요가 있습니다.

어렵죠? 이것을 사람에 대입한다면 이해가 조금 쉬울 지도 모르겠습니다. 브랜드는 나라는 존재를 대표하는 이름 이자(그 이름이 꼭 본명이 아니더라도) 나를 상징하는 심벌을 의미합니다. 여기서 심벌은 얼굴일 수도 있고, 내 소속이나 직함같이 나를 대표하는 타이틀이 될 수도 있습니다. 그렇 다면 브랜딩은 무엇일까요? 나의 이름과 심벌을 사람들에 게 알리는 모든 과정입니다. 그러기 위해선 우선 나다운 모 습은 무엇인지, 어떻게 나를 기억시킬지를 먼저 곰곰이 생 각해야 하고, 그 과정에서 남들과 다른 나만의 차별점을 명 확히 정의해야 하죠.

이를 저에게 적용해보면, 저라는 존재는 '전우성'이라 는 이름으로 불립니다. 그리고 제 이름에 '브랜딩 디렉터'라 는 심벌을 붙여 외부에 나를 표현하죠. 이렇게 브랜드는 일 단 완성됐습니다. 사람들이 나를 불러줄 이름이 있고, 사람 들에게 나를 표현할 심벌이 있으니 말이죠. 즉, 나 스스로가 나를 이런 브랜드라고 정의한 것입니다.

그렇다면 다음 단계는 무엇일까요? 여기부터가 브랜

딩입니다. 스스로 정의한 나의 모습, 즉 브랜딩 디렉터 전우성이라는 브랜드를 알리기 위해서 나는 무언가를 해야만 합니다. 무엇을 할 수 있을까요? 내 상징을 정의하고(예를 들어 사람들이 '브랜딩 디렉터 전우성'을 들었을 때 무엇을 가장 먼저 떠올리게 할지와 같은) 이를 만들어가는 행동이 가장 중요할 것입니다. 그것으로 브랜딩 디렉터 전우성만의 의미와 존재 이유를 알려야 하죠.

저는 사람들이 저를 떠올렸을 때 대체 불가한, 차별화된 브랜딩을 전개하여 기업의 성장을 견인하는 브랜딩 디렉터라고 기억했으면 좋겠는데요. 그러려면 어떻게 해야 할까요? 브랜딩 영역의 독창적인 성공 케이스를 많이 만들어야 합니다. 이것이 브랜딩 디렉터로서 저를 남들과 구분 짓게 만들어줄 테니 말이죠. 몇 개의 성공 전례만 가지고는 불가능합니다. 남들과 다른 저만의 케이스를 꾸준히 만들어내야 해요. 그 과정에서 브랜딩 디렉터로서 전우성이란 이름이 사람들에게 조금씩 알려지기 시작할 것입니다. 꾸준히 성공 사례를 만들어가는 것에만 만족해서는 안 돼요. 제 일을 알리기 위해 강연에 나서기도 하고, 그간의 성과와 저의 생각들을 글로도 잘 전달해야 합니다. 이렇게 브랜딩 디렉터 전우성이라는 브랜드는 그 이미지와 모습을 만들어갑니다. 이를 위한 모든 활동이 바로 브랜딩입니다. 한마디로 정의하자면 남들과 구별되는 나만의 가치를 만드는 행위가 바로 브랜딩인 것입니다.

앞서 여러 대표님들과의 대화를 바탕으로 생각해본다면 브랜딩이란 단지 제품이나 생산자로 남지 않기 위해서 브랜드를 다시 정의하고, 우리만의 브랜드 이미지를 만들어 사람들에게 알리는 것이며, 그 과정에서 남들과 다른 우리 브랜드만의 방식과 커뮤니케이션을 구사하는 행위입니다. 또한 우리 브랜드다운 모습을 명확히 정립하고 그에 따른 의사 결정 가이드를 만들어 실행하는 행위이자, 결국 이 모든 활동을 통해 브랜드의 가치를 올리는 일이라고도 얘기할 수 있습니다.

얼추 아는 100명보다
열광하는 1명

앞서 브랜딩의 정의와 역할을 이야기했지만, 결국 브랜딩이 무엇을 만들어야 하고 어떤 목표를 지향해야 하는가에 대한 저의 생각은 명확합니다. 브랜딩의 목적은 얼추 아는 100명을 만드는 게 아니라 우리 브랜드에 열광하는 팬 1명을 만드는 것입니다. 그래도 우리의 브랜드를 들어본 100명이 더 낫지 않냐고요? 결코 그렇지 않습니다. 브랜드 이름을 들어봤다고 하는 100명보다는, 오히려 열성적으로 그 브랜드를 좋아하고 늘 사용하며 주변에 홍보하는 단 1명의 영향력이 훨씬 강력함을 저는 경험했습니다.

이제는 많은 분이 알고 계신 '프라이탁Freitag'이라는 스위스 가방 브랜드가 있습니다. 유럽의 트럭 덮개로 쓰이는 타폴린 천을 재생해 가방을 만드는 브랜드인데요. 덮개로 사용되었던 타폴린 천의 모양이 모두 다르기 때문에 프라이탁 제품은 같은 게 단 1개도 없습니다. 가방끈은 자동차 안전벨트로 만들죠. 업사이클링이란 개념을 제품에 도입하여 독특한 디자인의 가방으로 보여주는 브랜드인 셈입니다.

저는 어떻게 이 브랜드를 알게 되었을까요? 오래전 지인으로부터 우연히 프라이탁의 브랜드 스토리를 듣고, 이런 방식으로 가방을 만드는 그들의 아이디어가 무척 멋지다는 생각이 들었습니다. 그래서 프라이탁이 국내에 정식으로 입점하기 전인 2009년, 베를린 여행 중 일부러 매장을 방문하여 제품을 처음 구입했죠. 실제 사용해보니 제품 자체도 정말 튼튼하더라고요. 하지만 그보다 더 좋았던 것은 이 가방을 들고 다닐 때마다 브랜드가 추구하는 이미지(업사이클링과 친환경)까지도 제가 소유한 것만 같았다는 점입니다. 그렇게 단순한 관심이 금세 팬심으로 변했습니다. 프라이탁이 우리나라에 들어오기 전이니 주변에서 엄청난 주목을 받기도 했고요. 결국 남들과 다른 나만의 가치, 즉 나는 남들이 아직 알지 못하는 유럽의 친환경 브랜드 제품을 들고 다닌다는 자부심을 이 브랜드를 통해서 갖게 된 것이죠. 그 과정

프라이탁의 가방은 타폴린 천을 재생하여 사용하기 때문에
같은 디자인이 하나도 없다. (이미지 출처: 프라이탁 홈페이지)

에서 저는 자연스레 이 브랜드를 단지 알고만 있는 100명 중 하나가 아닌, 이 브랜드에 열광하는 단 1명이 되었습니다. 지난 15년 동안 5개의 가방과 2개의 파우치 그리고 기타 액세서리를 포함해 프라이탁 브랜드 제품을 10여 개나 구입했죠. 이 정도면 제품이 아닌 브랜드를 소유했다는 표현이 더 맞는 듯합니다. 지금도 저는 매일 프라이탁 가방을 메고 다닙니다. 저만의 만족을 넘어 저를 통해 프라이탁 브랜드를 처음 접하고 제품을 구매한 사람들도 꽤 있고, 그중에는 저처럼 제품 여러 개를 소유하게 된 사람들도 생겨났죠. 이 브랜드를 향한 팬심이 저를 자발적인 브랜드 전도사로 만들어버린 셈입니다. 프라이탁 얘기가 나온 김에 자랑을 좀 더 하자면, 저는 좋은 계기로 프라이탁 창업자 중 한 분을 만나 대화를 나눌 수 있었고, 그때 갖고 있던 프라이탁 가방에 친필 사인을 받기도 했습니다.

흥미로운 지점은 저 역시 과거 프라이탁에 열광하던 한 사람을 통해 처음 이 브랜드를 알게 되었다는 것입니다. 유튜브의 시대인 요즘, 프라이탁을 검색해보면 저처럼 프라이탁 사랑을 콘텐츠로 알리는 많은 분을 발견할 수 있습니다. 이처럼 저는 브랜딩이 얼추 아는 100명보다 열광하는 한 사람을 만드는 데 그 목적을 두어야 한다고 생각합니다. 그런 팬들이 늘어날수록 브랜드는 경쟁사와 대체 불가할 정도로 강력해지고, 자연스럽게 브랜드가 가지는 시장의 가치 또한 올라갈 것입니다.

언젠가 소셜미디어에서 이런 문구를 본 적이 있습니다. "안티 없는 스타 없다. 안티가 많아지는 게 싫어서 자기 스타일을 버리면 팬도 없어진다. 세상에서 제일 멍청한 전략이 모두를 만족시키려는 것이고, 그다음으로 어리석은 게 안티 마음을 돌리려는 것이다."*

멋진 브랜드와 우리를 좋아하는 팬을 만들고 싶다면, 모두가 우리 브랜드를 알았으면 하는 욕심은 버리는 편이 좋습니다. 우리에게 관심 없는 사람들의 마음을 돌리는 데 많은 시간을 들이기보단, 우리만의 가치와 개성을 명확히 하고 이를 좋아해줄 1명의 팬을 만드는 데 더욱 집중하시기 바랍니다.

*   출처: http://moneyman.kr/archives/9273

감동은 예상치 못한
디테일에서 온다

스타벅스는 제가 가장 자주 방문하는 커피전문점입니다. 이제는 모르는 사람이 없는 스타벅스는 어쩌면 커피 하면 가장 먼저 떠오르는 브랜드가 아닐까 싶습니다. 사람들이 스타벅스를 그만큼 자주 방문하고 좋아하는 이유 중에는 커피의 맛, 공간의 편안함, 접근성, 대중성 등이 많은 부분을 차지하리라 생각합니다. 저에게도 물론 스타벅스는 일주일에 몇 번이나 방문할 정도로 애정하는 브랜드죠. 솔직히 이제는 습관적으로 가기도 합니다.

그러던 어느 날, 제가 스타벅스를 기존의 이미지보다 더 좋게 보게 된 일이 있었습니다. 그날도 여느 때처럼 스타벅스에서 커피를 주문했는데, 여러 이유로 앱이 아니라 직접 신용카드로 결제하고 영수증을 받았습니다. 그리고 너무도 당연하게 점원분께 "영수증은 버려주세요"라고 말씀드렸습니다. 많은 분들이 저처럼 습관적으로 이렇게 말하실 겁니다. 그러면 다들 "네, 알겠습니다"라고 하면서 영수증을 버려주시죠. 하지만 그날은 달랐습니다. 점원분은 이렇게 말했습니다. "고객님, 죄송합니다만 저희가 영수증을 버려드릴 수 없습니다." 저는 깜짝 놀랐습니다. 이런 답변을 받은 적이 한 번도 없었기 때문이죠. 그런데 왜냐고 묻는 저의 질문에 점원분이 하신 대답이 정말 인상적이었습니다. "영수증에는 고객님의 개인정보가 담겨 있어 저희가 임의로 버릴 수 없습니다."

와! 너무 맞는 말 아닌가요? 영수증의 개인정보는 제가 직접 폐기하는 것이 맞죠. 남에게 제 개인정보를 맡기는 일은 위험한 행동이기 때문입니다. 이 경험을 한 후 스타벅스가 평소의 이미지보다 훨씬 더 좋아 보였습니다. 이런 디테일 하나도 세심하게 챙기는 모습에 많이 놀랐습니다. 분명 점원분이 저에게 하셨던 행동은 스타벅스의 고객응대 매뉴얼에 있으리라 생각합니다. 이런 디테일한 상황까지 매뉴얼로 작성한 스타벅스가 그날 훨씬 대단해 보이더군요.

비슷한 경험을 동네의 어느 햄버거 가게에서도 했습니다. 배달 앱으로 햄버거를 주문했는데, 가게에 요청사항을 쓰는 칸이 있더라고요. 그래서 아무 생각 없이 '프렌치프라이 많이 주세요'라고 적었습니다. 그 후 30분 정도가 지나 배달을 받았는데, 깜짝 놀라고 말았습니다. 보통 요청사항에 무엇을 많이 달라고 적어도 솔직히 기대하지는 않거든요. 그런데 배달 온 음식을 보니 정말 프렌치프라이를 많이 주신 데다가 저에게 이런 편지까지 쓰셨더라고요. "고객님의 요청은 늘 소중하죠. 프렌치프라이 많이 넣었으니 맛있게 드세요."

이는 제게 예상치 못한 디테일이었습니다. 지금까지 수많은 배달을 시켰지만 저에게 편지를 써주신 가게는 이곳 말고는 단 한 군데도 없었기 때문입니다. 저는 이 디테일에 감동받아서 가게에 좋은 리뷰를 남겼고, 심지어 이런 상황을 소셜미디어에 올리기도 했습니다. 그 가게를 더 많이 이용한 것은 물론이고요. 이런 작은 디테일 하나가 저의 마음에 큰 무언가를 남긴 것입니다.

이런 식으로 예상치 못한 작은 디테일을 신경 써서 고객 경험을 극대화하는 사례로는 리츠칼튼 호텔의 서비스가 유명합니다. 리츠칼튼의 직원들은 고객의 이름과 취향 등을 기억하고, 이를 바탕으로 개인화된 서비스를 제공한다고 합니다. 예를 들어, 고객이 특정 음료를 선호한다면 다음 방문 시에도 그 음료를 준비하고, 고객이 호텔을 떠날 때 실수로 물건을 두고 갔다면 잘 보관했다가 그 고객이 다시 방문했을 때 방에 준비해둡니다. 이러한 디테일은 고객에게 특별한 대우를 받고 있다는 느낌을 줍니다. 실제로 리츠칼튼은 작은 배려가 큰 감동을 만든다는 철학을 가지고 있습니다. 고객이 알레르기나 특정 음식 기호를 언급한 적이 있다면, 그 정보를 호텔 시스템에 기록해서 다른 리츠칼튼 지점에서도 동일한 서비스를 받을 수 있도록 합니다. 또한 고객이 생일이나 기념일 같은 특별한 날에 투숙하는 경우, 호텔 측에서는 케이크나 선물 등 작은 서프라이즈를 준비하기도 합니다. 이렇듯 리츠칼튼은 "우리는 기대 이상의 서비스를 제공하여 고객에게 감동을 준다"라는 원칙을 가지고 있습니다. 기대 이상의 서비스는 고객의 충성도를 높이고, 잊지 못할 기억을 남기는 중요한 요소입니다. 제가 스타벅스나 햄버거 가게에서 겪은 일과 동일한 감정적 경험을 제공한다고 할 수 있습니다.

우리는 흔히 감동은 크고 대단한 것에서 비롯된다고 생각하지만 반드시 그렇지만은 않습니다. 오히려 감동은 예상치 못한 상황에서 아주 사소한 한 가지로도 충분히 생겨날 수 있죠. 생일날 받는 선물보다 의외의 날과 장소, 상황(예상치 못한 'T.P.O Time, Place, Occasion'라고 할 수도 있겠네요)에서 영문도 모른 채 갑자기 받는 선물이 더 감동적이고 기억에 오래 남는 법입니다. 그리고 그 선물이 무엇이고 가격이 얼마든지 간에 나에 대한 배려나 관심이 담겨 있다면, 아니 왜 이 선물을 갑작스럽게 주는지에 대한 짧은 메시지라도 함께 담겨 있다면, 그 디테일에서 오는 감동은 더욱 커지기 마련이죠.

이렇듯 감동은 예상치 못한 디테일에서 옵니다. 즉, 의외성과 섬세함이 또 다른 감동을 만들죠. 늘 중요하게 생각하고 있는 부분이라 예전에 함께 일했던 마케터나 디자이너, 에디터 분들께도 자주 얘기하곤 했습니다. 이런 사소하지만 디테일한 감동 포인트에서도 브랜드의 팬은 자연스럽게 형성되는 법입니다. 여러분의 브랜드는 예상치 못한 감동을 주고 있나요? 없다면 고객에게 어떤 지점에서 그것을 줄 수 있을까요? 한번 곰곰이 생각해볼 일입니다.

브랜딩은 마케팅의 일부가 아니다

프라이탁과 같이 특정 브랜드에 푹 빠지거나 그것에 감동해본 경험이 몇 차례 더 있었습니다. 그중 하나는 쿠팡맨이었는데요. 쿠팡이 아니라 '쿠팡맨(최근 쿠팡친구로 명칭을 변경했습니다)'이니 오해 없길 바랍니다. 지금은 누구나 경험할 수 있는 흔한 일이 되었지만, 당시에는 배송 전 몇 시에 방문할 예정이고 어디에 놓기를 원하는지, 혹시 집에 아기가 있다면 벨을 누르지 않기를 원하는지 등 세세한 부분까지 먼저 확인하는 경우는 쿠팡맨이 유일했습니다. 그리고 배송 완료 후 사진을 찍어 보내주는 세심함은 저뿐만 아니라 많은 사람에게 깊은 인상을 남겼습니다. 아직도 포털 사이트 검색창에 '쿠팡맨 친절'을 검색하면 고객들의 많은 경험담을 찾아볼 수 있죠.

　그래서 비록 구매할 제품의 가격이 최저가가 아니더라도 쿠팡맨의 친절함을 떠올리며 자연스럽게 쿠팡을 이용하기에 이르렀습니다. 즉, 커머스에서 가장 신경 쓰는 부분인 가격 경쟁력마저 이 쿠팡맨의 친절이 무너뜨린 것입니다. 한번은 더운 여름날 쿠팡맨에게 조금이나마 도움이 되고 싶어 배송을 마치고 돌아가는 분께 달려가 차가운 탄산수를 한 병 건네드린 적도 있었습니다. 배려심이라곤 별로 없는 저를 무엇이 이렇게 만들었을까요? 브랜딩은 앞서 그 목적에서도 언급했지만 브랜드의 팬을 만드는 '모든' 활동을 아우릅니다. 그런 의미에서 저는 쿠팡맨이란 브랜드에 완벽히 포섭(?)당하고 말았습니다. 그래서 누가 시킨 것도 아닌데 자발적으로 주변 지인들에게 쿠팡맨의 친절을 얘기하고 다녔습니다. 흡사 쿠팡의 브랜드 앰버서더 수준이었다 해도 과언이 아니었죠. 프라이탁을 주변에 열심히 알렸던 것처럼 개인 소셜미디어 계정을 통해서도 쿠팡맨에게 감동받은 경험을 몇 번이나 올렸습니다. 주변 사람들을 붙잡고 "쿠팡 써요? 쿠팡맨 알아요?"라며 무턱대고 화두를 던지고는 제 경험을 조목조목 얘기하며 그들도 나처럼 감동을 체험해보길 원했습니다.

업계에서는 아직도 많은 분이 브랜딩을 단지 마케팅의 일부라고 생각합니다. 그래서 마케팅 조직 내부에 퍼포먼스 마케터, 콘텐츠 마케터, 브랜드 마케터 같은 식으로 포지션을 두는 것이 보통이죠. 그런데 정말 브랜딩이 그저 마케팅 용어 중 하나일까요? 브랜딩을 과연 마케팅의 영역으로만 볼 수 있을까요?

사람들이 결국 제품을 구매하게 하는 모든 행위를 총칭하여 마케팅이라고 정의한다면 모르겠지만, 일반적으로 통용되는 마케팅의 의미나 역할로 보았을 때 제가 프라이탁이나 쿠팡맨에게서 받은 인상은 마케팅 영역 밖의 일이었습니다. 결국 브랜딩은 기존 마케팅의 영역을 넘어 소비자가 브랜드를 직·간접적으로 경험하는 다양한 접점에서 이뤄진다고 할 수 있죠.

기업에서 브랜딩을 담당하고 있는 사람이라면 브랜딩을 단지 즉각적인 매출을 올리기 위한 마케팅 수단으로 접근하기보다는, 고객이 브랜드와 만나는 접점들을 돌아본 뒤 남들과 가장 차별화된 인상을 심어줄 수 있는 것을 찾아내야 합니다. 만약 없다면 그것을 새롭게 설계해서 어떻게 보여주고 또 알릴 수 있을지를 고민해봐야 합니다. 새롭게 브랜딩하는 것, 즉 '리브랜딩'을 한다는 명목으로 기업의 로고와 심벌을 새로운 디자인으로 교체하기보다 오히려 이런 부분을 고민하고 솔루션을 찾는 일이 브랜딩에 훨씬 더 중요합니다. 그 해답이 기술의 영역이든, UX의 영역이든, CS와 배송의 영역이든, 혹은 창업 스토리나 철학에 있든 간에 말입니다.

마음을 움직이는 일,
브랜딩

누구나 자신이 속한 브랜드를 멋진 브랜드로, 많은 팬의 지지를 받는 브랜드로 키우고 싶어 합니다. 그렇지만 그것은 쉽게 가질 수도 없고, 아무나 할 수도 없는 영역이에요. 엄청난 돈을 들여서 TV 광고를 하거나 유명 인플루언서를 섭외해 바이럴 마케팅으로 화제를 일으켜 쉽게 얻을 수 있다고 생각하면 오산이죠. 그런 경우 대부분 고객의 마음속에 금방 들어온 만큼 금방 나가버립니다. 브랜드가 마음속에 오래 머물러 있어야 진짜 팬으로 발전할 확률이 커집니다.

브랜딩이 쉽지 않은 이유는 단지 6개월, 1년 한다고 완성되는 일이 아니기 때문입니다. 이를 위해서는 엄청난 노력과 수고가 필요하고, 당연히 그 과정에서 여러 가지 시행착오와 실패를 겪을 수밖에 없습니다. 우리가 만들고자 하는 브랜드를 기대하면서 묵묵히 앞으로 가는 인내심 또한 필요하죠. 연애를 할 때나 사람 사귈 때를 생각해보면 쉽게 수긍할 수 있을 것입니다. 사람의 마음속에 들어가 나를 좋아하게 만드는 게 그리 쉬운 일은 아니니까요.

그러므로 브랜딩에서 무엇보다 중요한 것은 그것을 해내고자 하는 강한 의지입니다. 기업에서 브랜딩 담당자의 의지만큼 대표의 의지 또한 강해야 하죠. 대표 혹은 최종 의사 결정권자가 브랜딩의 효과와 힘을 인식하고 이를 꾸준히 해나가기 위한 의지를 지니고 있지 않다면, 수많은 팬을 보유한 매력적인 브랜드가 만들어지기란 결코 쉽지 않습니다.

제가 과거 몸담았던 29CM를 예로 들어보겠습니다. 29CM는 출범 이후 지금까지 많은 팬층을 확보하고 있고, 성공적인 브랜딩 사례로 여전히 자주 언급되고 있는데요. 지금의 모습이 가능했던 이유는 앞서 언급한 대로, 당장 눈에 보이는 큰 효과는 없더라도 오랜 기간 일관된 메시지와 차별화된 모습을 만들기 위해 다양한 브랜딩 활동을 꾸준히 해왔기 때문입니다. 그리고 이것이 가능했던 데에는 브랜딩의 힘을 믿고 이런 활동을 마음과 예산으로 지지해

주셨던 당시 대표님의 역할이 굉장히 컸습니다. 그 덕분에 29CM는 다른 경쟁사들과는 확실히 다른 모습을 만들어갈 수 있었고, 성장의 발판을 마련할 수 있었습니다.

브랜딩을 위한 질문들

브랜딩을 시작하기 위해서는 무엇보다 가장 먼저 내가 누구인지를 고민해봐야 합니다. 나는 누구이고, 무엇으로 불리기를 원하며, 과연 나다운 것은 무엇인지 말이죠. 스스로를 제대로 알아야 남들에게 나에 대해 어떻게 커뮤니케이션 할지, 나다운 모습을 어떤 식으로 보여줄지 여러 가지 계획을 세워나갈 수 있습니다. 물론 남을 평가하는 것보다 나 자신을 파악하는 일이 더 어렵죠. 그래서 누구나 처음에는 나를 정의하는 일에 막막함이 앞서겠지만, 고민에 고민을 거듭하며 나에 대한 생각을 되도록 뾰족하게 다듬는 것이 중요합니다.

모든 사람이 태어난 배경과 자라온 환경이 다르듯 브

랜드 역시 마찬가지입니다. 브랜드의 모습과 특징, 제공하는 서비스의 종류 등 각기 성격이 다르기에 하나의 정답이 있을 수는 없죠. 그럼에도 불구하고 저는 브랜드의 정체성을 고민할 때 다음과 같은 질문을 먼저 던져보곤 합니다.

- 이 브랜드는 어떤 탄생 과정을 거쳤는가?
- 사람들이 이 브랜드를 사용하는 이유는 무엇인가?
- 이 브랜드는 현재 어떤 문제점에 봉착했는가?
- 이 브랜드가 세상에 없다면 사람들이 가장 불편해할 부분은 무엇인가?

이런 질문들을 중심으로 단계별로 고민하다 보면 해당 브랜드의 과거부터 현재, 미래의 모습까지 구석구석 살피게 되고, 그 브랜드만의 고유한 키워드와 차별점, 명확한 정체성을 위한 단초들을 뽑아낼 수 있습니다. 과거 제가 브랜딩 디렉터로서 브랜딩을 담당했던 '스타일쉐어'를 사례로 좀 더 자세히 살펴보도록 하겠습니다.

첫 번째 질문, 이 브랜드는 어떤 탄생 과정을 거쳤는가?

브랜드의 정체성을 정의할 때, 브랜드의 탄생 과정을
파악하는 일이 무엇보다 중요합니다. 브랜드가 어떤 과정에
서 시작되었는지 그 출발점을 살펴보면, 브랜드 초기의 모
습과 마음가짐까지 알 수 있죠. 즉, 탄생의 비밀을 알게 되
는 것입니다. 스타일쉐어의 초창기는 제가 브랜딩을 담당했
을 때의 모습과 많이 달랐습니다(현재는 무신사에 인수합병되
어 서비스를 종료했습니다). 초기에는 회원들이 자신의 스타일
을 공유하며 다른 회원들과 정보를 나누고 친목도 쌓는 스
타일 공유 커뮤니티였습니다. 이렇게 몇 년을 유지하며 유
저와 트래픽 수를 늘려갔고, 이를 계기로 커머스 모델을 도
입해 본격적으로 수익을 내기 시작하면서 큰 규모의 커머
스 기업으로 성장했습니다.

두 번째 질문, 사람들이 이 브랜드를 사용하는 이유는 무엇인가?

이 질문에 대한 답은 스타일쉐어의 초창기와 제가 합
류할 당시를 나누어 생각해봐야 합니다. '스타일 정보 공유
커뮤니티' 성격이 강했던 초창기에는 유저 수가 훨씬 적었

지만, 그들의 사이트 재방문 횟수와 활동량은 매우 높았습니다. 그 당시에는 스타일쉐어처럼 앱 서비스 기반의 스타일 커뮤니티가 없었기 때문입니다. 회원들끼리 서로 정보를 공유하고 대화를 나누면서 "ㅈㅂㅈㅇ(정보좀요)"라는 신조어가 탄생하기도 했고, 스타일쉐어 유저들이 서로를 "스쉐러"라고 부르는 문화도 이때 만들어졌습니다.

커머스 기능이 도입된 이후의 스타일쉐어는 제품을 구매하기 위해 사이트를 방문하는 유저들이 주를 이루었습니다. 물론 기존에 가입한 유저들은 여전히 자기 스타일을 공유하고 있었지만, 그 수가 이전에 비해 점점 줄어들었고 활동량 역시 예전만 못했죠. 하지만 커머스로의 전환은 수많은 새로운 유저들을 불러 모았습니다. 스타일쉐어 신규 유저들 중 대부분은 제품을 사기 위해 방문하는 구매 의향이 높은 유저들이었죠. 커뮤니티의 특성은 약화되었지만 쇼핑을 위해 사이트를 방문하는 신규 유저들 덕분에 스타일쉐어는 꾸준히 성장할 수 있었습니다. 어찌 보면 이는 기업이 성장하기 위한 당연한 수순일 것입니다. 그리고 스타일쉐어는 다행히도 커머스 모델을 기존의 스타일 커뮤니티의 모델에 성공적으로 안착시키면서 성장을 이어갔습니다.

세 번째 질문, 이 브랜드는 현재 어떤 문제점에 봉착했는가?

우선 오해의 소지를 없애기 위해 짚고 가자면, 문제점이 없는 브랜드는 없습니다. 기업들 모두 각자의 고민을 안고 이를 해결하기 위해 매번 애쓰고 있죠. 당시 스타일쉐어가 맞닥뜨린 문제는 커머스 시장으로 유입되면서 수많은 경쟁자들이 생겼다는 점이었습니다. 하나의 패션 브랜드가 여러 쇼핑몰에 입점하는 상황에서, 구매층이 비슷한 다양한 브랜드들을 다른 곳이 아닌 스타일쉐어에서 구매하도록 하려면 어떻게 해야 할까요? 경쟁에서 살아남기 위해서는 특별한 차별점을 찾아야만 했습니다. (이것을 정의하고, 만들고, 쌓아가는 모든 과정을 앞서 말한 대로 남들과 다른 나만의 가치를 만드는 행위인 브랜딩이라 부를 수 있습니다.)

네 번째 질문, 이 브랜드가 세상에 없다면
사람들이 가장 불편해할 부분은 무엇인가?

여기서 '사람들'이란 스타일쉐어의 기존 고객층을 의미합니다. 스타일쉐어가 없어진다면 그들이 가장 불편해할 점은 무엇일까요? 우선 커머스 서비스는 아닐 것입니다. 다양한 브랜드를 스타일쉐어에서만 살 수 있는 것은 아니니까요. 그럼 무엇일까요? '내 또래가 올리는 다양한 스타일을 한 번에 볼 수 있는 곳이 없어진다'라고 가정해보면 어떨까요? 누군가는 인스타그램이면 충분하다고 얘기할지 모릅니다. 인스타그램에서 #ootd를 검색하면 수많은 국내외 사용자들의 스타일을 볼 수 있으니까요. 하지만 스타일쉐어의 특정 유저층인 10대에서 20대 초반이 자기 또래의 스타일을 직관적으로 확인할 수 있는 곳, 또 그 옷을 바로 구매할 수 있는 곳으로 스타일쉐어만 한 곳이 당시에는 없었습니다. 즉, 이 브랜드가 세상에 없다면 이곳을 애용하는 특정 유저층에게는 다양한 스타일을 살펴볼 수 있고 바로 구매로 이어질 수 있는 공간이 사라져버리는 것이겠죠.

이렇게 브랜딩을 위한 기본 질문들의 답변을 찾아가는 과정에서 이 브랜드가 과거 어떤 모습이었고, 현재는 어떤 모습이며, 앞으로는 어떤 모습이어야 할지, 또 변한 건 무엇이며 결코 변하지 말아야 할 것은 무엇인지 등을 다각도로 생각해볼 수 있습니다. 이를 토대로 이 브랜드만의 정체성과 경쟁사들과의 차별화 요소도 찾을 수 있습니다.

브랜드 아이덴티티 :
브랜드다움을 정의하는 일

브랜딩에 관심 있는 분들이라면 '브랜드 아이덴티티Brand Identity', 줄여서 BI라는 용어가 익숙할 것입니다. 브랜드 아이덴티티란 해당 브랜드만의 정체성이자 남들과 다른 고유의 가치를 말합니다. 흔히 브랜드 아이덴티티라고 하면 브랜드를 상징하는 로고나 심벌, 컬러 등을 떠올리는데, 사실이는 극히 일부분에 불과합니다. 로고나 컬러는 브랜드의 정체성을 비주얼적으로 표현하는 방식, 즉 그 브랜드의 디자인 아이덴티티 혹은 비주얼 아이덴티티라고 표현하는 편이 더 정확하기도 하고요.

사람들이 또 하나 쉽게 오해하는 부분이 있는데요. 브랜드 아이덴티티를 정립하는 일이 완전히 새로운 무언가를 창조하는 일이라고 생각하는 것입니다. 브랜드 아이덴티티는 기존의 것을 모두 무시하고 새로운 것을 만드는 과정이 아닙니다. 오히려 반대일 수 있죠. 해당 브랜드가 지금까지 쌓아온 것들을 바탕으로 그 브랜드만이 지닌 가치를 찾아, 사용자에게 어떤 방식이나 경험으로 전달할지를 정립하는 일입니다. 결국 브랜드'다운' 모습에 대한 정의라고 할 수 있습니다. 그리고 이것은 앞 장에서 던진 질문들을 바탕으로 차근차근 풀어나갈 수 있죠. 이해를 돕기 위해 다시 스타일쉐어를 예로 들어 살펴보도록 하겠습니다.

스타일쉐어만의 가치

스타일쉐어는 10대에서 20대 초반 여성 고객을 중심으로 성장한 브랜드였습니다. 그래서 그들 사이에서는 브랜드 인지도가 매우 높은 편이었죠. 그들에게 스타일쉐어는 아주 매력적이진 않아도 자신의 성장기를 함께 보낸 친근한 브랜드였습니다. 하지만 이후 상황이 조금 달라졌어요. 커머스 서비스가 도입된 후 자의 반 타의 반으로 시장에 많은 경쟁자들이 생겨났고, 자연스럽게 다양한 브랜드들이 입점하면서 소비자의 선택권도 넓어졌습니다. 기존의 커뮤니티와는 다르게 커머스 시장에서는 이미 톱 플레이어들이 각자의 매력으로 굳건히 자리하고 있었고, 스타일쉐어는 그 시장에 새로운 팔로어로 진입했을 뿐이었죠. 그렇다면 선택권이 많아진 소비자에게 스타일쉐어는 그들만의 차별점으로 무엇을 내세워야 할까요? 다른 커머스 기업과는 달리 스타일쉐어만이 줄 수 있는 가치는 무엇일까요? 고객은 스타일쉐어를 통해 어떤 다른 경험을 할 수 있을까요? 아니, 무엇을 경험해야 할까요?

스타일쉐어만의 차별점

이 브랜드만의 차별점은 오히려 스타일쉐어가 어떤 서비스로부터 시작했는가라는 질문에서 찾을 수 있었습니다. 앞서 언급한 대로 스타일쉐어는 스타일 '커뮤니티'로 시작한 서비스였습니다. 다른 커머스 기업 대부분이 온라인 상품 판매라는 본질을 토대로 사업을 시작했다면, 스타일쉐어는 회원들이 자신의 스타일을 자유롭게 공유하는 커뮤니티 서비스가 그 근간을 이루고 있었죠. 저는 커뮤니티라는 이

태생적 특성이 다른 커머스 기업이 가지지 못한 스타일쉐어만의 차별성이라고 판단했습니다. 그래서 이것을 조금 더 깊게 파고들었고, 커뮤니티의 특징을 외적 특징과 내적 특징으로 나누어 고민해보았습니다.

우선 커뮤니티의 외적 특징으로 다음 2가지를 정리할 수 있었습니다.

· 공통의 명확한 관심사
· 공유를 기반으로 한 소통 방식

이 2가지 특징은 결국 '스타일쉐어'라는 브랜드 이름과 명확히 일치했습니다. 스타일쉐어는 10대와 20대 초반을 중심으로 '스타일Style'이라는 공통의 관심사를 가진 사람들이 모인 곳이고, 자신의 스타일을 '공유Share'하면서 다른 유저들과 소통하는 방식을 초창기부터 꾸준히 유지하고 있었습니다. 어찌 보면 브랜드명에서 서비스의 외적 정체성이 또렷이 드러나는 셈이었죠.

다음으로 커뮤니티의 내적 특징을 살펴보았는데요. 외적 특징에 기반하여 특정 관심사를 중심으로 모이고 소통

하는 유저들 간에 발생하는 현상을 다음 3가지로 정리해보았습니다.

- 실리적 목적
- 감정적 경험
- 사회적 영향

'실리적 목적'은 서비스를 통해서 내게 부족했던 혹은 몰랐던 정보를 획득하는 것이라 말할 수 있습니다. 우리가 커뮤니티에 가입하고 활동하는 주목적이 바로 이것입니다. 스타일쉐어 회원들의 경우에는 스타일에 대한 정보를 얻고 공유하기 위한 목적으로 그것을 사용했었죠.

'감정적 경험'은 커뮤니티 회원들이 서로 소통하는 과정에서 유대감과 소속감을 느끼는 것을 말합니다. 온라인 커뮤니티에서 출발한 동호회들이 오프라인으로 직접 만나 활동하게 되는 것은 이런 감정의 경험에 기반하죠.

'사회적 영향'이란 보통 커뮤니티의 규모가 커졌을 때 발생하는 특징인데요. 규모가 커짐에 따라 그 안에서 그들만의 이념 혹은 문화가 만들어지고, 이것이 커뮤니티를 벗어나 외부 사회로 확산되면서 커뮤니티에 소속되지 않은 이들에게도 직·간접적으로 영향을 줄 수 있음을 말합니다.

이러한 기준을 중심으로 경쟁사들과 차별화된, 우리 브랜드만이 줄 수 있는 가치와 그를 통해 사람들이 느꼈으면 하는 경험들을 생각해볼 수 있습니다. 그 가치를 '브랜드 미션', 그리고 이를 통해 고객에게 제공해야 하는 경험을 '핵심 경험'이라 부릅니다.

브랜드 미션과
핵심 경험 정하기

'브랜드 미션'이란 브랜드가 고객에게 줄 수 있는 가치, 즉 업의 본질과도 같습니다. 그리고 업의 본질이란 결국 우리가 왜 이 일을 하는지에 대한 답변이죠(이익 창출이라고 생각할 수도 있지만, 그것은 업의 결과이지 업의 본질은 아닙니다). 이는 결국 브랜드의 존재 이유로 바꿔 말할 수 있습니다. 그것을 알아야 담당하는 브랜드가 정확히 고객에게 어떤 경험을 제공할 수 있을지, 아니 어떤 경험을 제공해야만 하는지를 이끌어낼 수 있습니다.

　　다시 스타일쉐어의 예로 돌아가보겠습니다. 저는 스타일쉐어의 브랜드 미션을 앞서 살펴본 커뮤니티의 내적 특징 3가지로부터 뽑아내보았습니다.

첫째, 누구나 자신만의 스타일을 발견하고 완성할 수 있도록 돕는다

커뮤니티의 실리적 목적으로 따져보았을 때, 유저들은 스타일쉐어를 통해 자신에게 필요한 정보를 쉽게 얻을 수 있어야 합니다. 물론 여기서 정보란 커뮤니티 공통의 관심사인 '스타일'과 관련된 정보를 말합니다. 그리고 커머스 서비스가 도입된 후에는 그 제품을 바로 구매할 수도 있게 되었고요. 즉, 스타일쉐어만이 줄 수 있는 첫 번째 가치는 누구나 이곳에서 자신만의 스타일을 발견할 수 있고, 그것을 구매함으로써 나의 스타일을 완성할 수 있다는 점입니다.

둘째, 스타일을 중심으로 사람과 사람을 연결한다

커뮤니티만의 특징인 유대감과 소속감 같은 감정적 경험 또한 다른 커머스 기업은 줄 수 없는 스타일쉐어만의 또 다른 가치였습니다. 스타일쉐어 안에서 사람들은 '스타일'이라는 관심사를 중심으로 서로 소통하며 유대감을 쌓아가고 있었습니다. 서로를 '스쉐러'라는 애칭으로 부르면서 말이죠.

셋째, 멋진 스타일에 대한 기존의 인식을 확장한다

오랜 기간 스타일쉐어 회원들이 쌓아온 문화로부터 '사회적 영향'으로서의 가치를 도출했습니다. 스쉐러들이 자유롭게 다양한 스타일을 공유하는 과정에서, 이곳에서는 다른 커머스 사이트에서 보기 힘든 문화가 형성되었음을 발견할 수 있었죠. 서로의 스타일을 인정하고 칭찬하는 문화가 그것이었습니다. 이는 자연스럽게 멋진 스타일에 대한 인식의 확장으로 이어졌습니다. 일반적으로 얘기하는 멋진 스타일이란 예쁘고 잘생기고 키 크고 마른 사람들의 전유물 같았지만, 스타일쉐어에서 얘기하는 멋진 스타일이란 외모나 체형에 관계없이 자신만의 스타일을 당당히 드러내는 것이었습니다. 저는 이런 내부의 문화가 분명 외부로까지 영향을 미칠 수 있다고 생각했습니다. 특히 다양성Diversity이 화두가 되는 요즘 시대라면 더더욱 말이죠.

고객에게 전달해야 하는 '핵심 경험'도 결국 브랜드 미션과 자연스럽게 연결됩니다. 그렇다면 스타일쉐어가 고객들에게 줄 수 있는 핵심 경험에는 어떤 것이 있을까요? 보통은 브랜드 미션을 하나로 뽑지만, 스타일쉐어의 경우는

3가지로 나눠서 살펴보았습니다. 그래서 핵심 경험도 자연스럽게 3가지로 도출되었습니다.

첫째, '나'만의 스타일에 영감을 준다

스타일쉐어는 유저가 이 안에서 다양한 스타일을 발견할 수 있어야 하고, 이를 바탕으로 자신도 멋진 스타일로 꾸미고 싶다는 동기를 갖게 해야 합니다. 또한 스타일을 가꾸는 데 참고할 만한 여러 가지 콘텐츠를 통해 스타일의 풍부함을 경험하게 해야 합니다. 그럼으로써 스타일에 관한 내 안목이 더 넓어지고 발전하고 있다고 느낄 수 있도록 말이죠. 이러한 경험은 자연스럽게 사이트 체류 시간을 늘리고 재방문율을 높일 것입니다.

둘째, '우리'만의 유대감과 소속감을 느끼도록 한다

같은 스타일에 관심을 가진 스쉐러들 그리고 자기 스타일을 꾸준히 공유하는 스쉐러들과의 끈끈한 유대감과 소속감을 이곳에서 경험하게 해야 합니다. 유저들 간의 감정적 연결은 그들이 더욱 적극적으로 활동하도록 이끌고, 회원들의 서비스 이탈률 또한 낮출 수 있습니다.

셋째, '모두'의 개성과 다양성이 존중받도록 한다

이곳에서는 나이, 외모, 체형과 관계없이 모두의 개성과 다양성이 존중받는다는 감정을 느끼도록 해야 합니다. 이를 통해 더욱 적극적으로 자신의 스타일을 공유하는 환경을 만들 수 있고, 브랜드에 관한 기존의 인식(10대들의 패션 놀이터)을 변화시켜 스타일쉐어를 떠난 20대들에게도 다시 브랜드의 호감도를 높일 수 있습니다. 또한 이것을 이 브랜드만의 문화이자 개성으로 발전시킬 수도 있죠.

이렇게 다양한 질문을 통해 브랜드의 상황을 살펴보고, 그로부터 브랜드의 정체성을 파악한 다음 브랜드 미션과 고객에게 전달해야 할 핵심 경험까지 도출해내면, 명확한 브랜드 아이덴티티를 완성할 수 있습니다. 결국 내가 누구인지를 먼저 정의하는 것에서부터 브랜딩은 시작됩니다.

디퍼런트

브랜드의 미션과 핵심 경험 등을 정리해보았다면, 자연스럽게 우리 브랜드만의 강점이자 차별점을 파악할 수 있습니다. 그런데 강점이 있다면 반대로 다양한 약점들도 존재하기 마련인데요. 그렇다면 브랜드의 약점들은 어떻게 해야할까요?

제가 애장하며 자주 들춰보는 책 중에 《디퍼런트》(문영미 지음, 박세연 옮김, 살림Biz, 2011)가 있습니다. 시장을 주도하는 혁신적인 기업으로 살아남으려면 남들과 어떻게 달라져야 하는가를 얘기하는 책인데요. 저는 특히 저자가 바라보는 강점과 약점에 대해 크게 공감했습니다. 사람이든 기업이든 대부분 약점을 보완하기 위해 많은 노력을 기울이는데, 각자 서로 다른 약점들을 보완하고 나면 결국 모두 비슷해지고 만다는 것입니다. 그렇기에 약점을 보완하는 데 시간과 에너지를 쏟기보다는 자신의 강점을 극대화하는 데 집중한다면 남들과 더욱 차별화된 모습을 갖출 수 있다고 말합니다.

브랜딩 또한 다르지 않다고 생각합니다. 자신만의 강점을 극대화하여 남들과 다른 차별화된 모습을 만드는 것, 그게 바로 브랜딩의 과정입니다. 앞서 브랜딩의 정의에서 얘기하는 나만의 가치가 바로 이 차별점과 연결됩니다. 브랜드 미션을 토대로 자신의 브랜드가 가진 강점과 그것을 가장 잘 보여줄 수 있는 방법을 찾아 고객에게 전달하고, 고객이 우리 브랜드를 이용하는 어떤 접점에서든 느낄 수 있도록 해야 합니다. 그렇기에 자기 브랜드의 부족한 부분을 열심히 보완할 시간에, 강점과 차별점을 찾아 그것을 키워내는 편이 훨씬 낫습니다. 그 강점을 통해 사람들에게 브랜드를 인식시키는 쪽이 더욱 효과적이기 때문입니다.

내가 속한 브랜드의 강점을 생각해보고 그것을 어떻게 더 뾰족하게 만들지 고민하는 일, 그것이 바로 브랜딩에 필요한 부분입니다. 강점이 바로 떠오르지 않아도 괜찮습니다. 찾아보면 분명 남들보다 조금이라도 나은 점이 있을 것입니다. 그것을 어떻게 강화할지 고민해보세요. 혹시 명확한 강점을 찾을 수 없다면 무엇이든 하나 만들어서 키워야 합니다. 그것이 기능적인 경험이든 감성적인 경험이든 말입니다. 그렇다면 어떤 식으로 강점을 강화하여 브랜드를 더 날카롭게 만들 수 있을까요?

이와 관련해서는 29CM에서 브랜딩 디렉터로 일할 당시의 경험이 가장 많이 떠오릅니다. 우선 앞선 질문들에 답하는 고된 과정 끝에 브랜드 미션을 "Guide to Better Choice", 즉 "사람들의 더 나은 선택을 돕는다"라고 정했습니다. 그 이유는 29CM의 탄생 배경, 즉 이 브랜드가 시장에 왜 진입하게 되었는지와 밀접하게 연결되어 있습니다. 당시 커머스 시장은 브랜드에 중심을 두기보다 제품과 가격에 치중해 있었습니다. 세상에는 수많은 브랜드가 있는데요. 그중에는 브랜드가 탄생한 배경에서부터 왜 이런 서비스를 시작했는지 등 그 브랜드만의 스토리를 가지고 있는 곳들이 많습니다. 하지만 앞서 얘기한 대로 이런 브랜드 스토리는 커머스 시장에서 그리 관심을 두는 부분이 아니었죠. 그래서 29CM는 이것에 집중하기로 했습니다. 사람들에게 브랜드의 가치와 스토리를 잘 소개한다면 다른 커머스 기업들과 차별화된 경쟁력을 가질 수 있다고 판단했죠.

29CM라는 브랜드는 이런 생각을 중심으로 커머스 시장에 진입했습니다. 이것은 '사람들의 더 나은 선택을 돕는다'라는 브랜드 미션과 연결되는 부분이었죠. 여기에서 29CM만의 차별화된 가치이자 핵심 경험이 도출되는데요. 바로 '스토리텔링'이라는 키워드입니다. 당시 다른 커머스 사이트에서는 글다운 글을 찾아보기 어려웠습니다. 글이라고 해봐야 상품명, 가격, 할인율 등을 알리는 정보가 전부였죠. 어찌 보면 당연한 일이었습니다. 쇼핑몰에서는 굳이 상품과 가격 정보 외에 스토리텔링으로 긴 글을 풀어나갈 필요가 없으니 말이죠. 그래서 29CM는 이것에 집중해서 다르게 가보기로 했습니다. 제품 하나를 소개할 때도 감성적인 카피 문구를 타이틀로 뽑아내고, 해당 제품을 스토리텔링 방식으로 소개했죠. 그러자 많은 고객이 29CM는 쇼핑몰이라기보다 꼭 온라인 매거진을 보는 것 같다는 후기를 남겨주었습니다. 즉, 감성적인 글과 스토리텔링이 29CM만의 큰 차별점이 된 것입니다. 당시에 론칭한 29CM 앱을 봐도

이 특징이 굉장히 두드러졌고, 다른 커머스 앱과는 그 모양새가 확연히 달랐습니다. 집중하는 영역이 달랐으니 당연한 결과죠.

그래서 다음 단계로 바로 이 강점, 즉 스토리텔링이라는 29CM만의 경험을 최대한 확장해보기로 했습니다. 이메일 수신을 동의한 회원들에게 메일로 에세이 연재물을 발행했고, 〈29 페이퍼〉라고 하는 무료 잡지를 만들어 서울의 다양한 공간에 비치하기도 했으며, 사이트 내에 '29CM 매거진'이란 메뉴를 만들어 문화행사, 공연, 여행 등을 테마로 한 다양한 글들을 게재했습니다. 또한 그동안 연재했던 에세이를 모아 《사물의 시선》이란 제목의 단행본으로 출간하기도 했죠. 더 나아가 고객들을 대상으로 에세이를 공모해 그중 좋은 글들을 웹사이트와 공식 SNS 채널에 소개하기도 했습니다. 이러한 여러 가지 활동들로 인해 사람들은 자연스럽게 29CM 하면 '감성 글'과 '스토리텔링'을 떠올리게 됐고, 이때부터 팬층이 조금씩 형성되기 시작했습니다. 매주 연재하는 에세이가 업로드되기를 기다린다는 고객도 많았고, 이를 모아 출간한 책은 잠깐이지만 베스트셀러가 되기도 했죠. 따로 쇼핑할 것이 없더라도 매거진 콘텐츠를 보기

위해 29CM 앱을 방문한다는 사람들도 늘어나기 시작했고
요.

29CM의 강점을 확장하기 위한 이런 시도들이 당장의
매출을 유도하는 마케팅과 직결되지는 않을 수도 있습니다.
고객들에게 제품을 구매하도록 직접적으로 설득하는 활동
은 아니기 때문입니다. 하지만 이것은 철저히 브랜딩에 기
인한 활동이라고 말할 수 있습니다. 가지고 있는 강점을 더
강하게 만들고, 그를 통해 사람들에게 우리가 어떻게 다른
지 보여주며 호기심을 갖게 하고 팬을 만드는 일. 그것이 바
로 브랜딩의 역할이자 목적입니다.

사이트에 '29CM 매거진'이란 메뉴를 마련해 콘텐츠를 강화했다.

종이 잡지
〈29 페이퍼〉

온라인 연재 에세이를 모아 단행본《사물의 시선》을 펴냈다.

남들과 다르게
나를 알리기

이번에는 좀 더 냉정한 현실을 이야기해보겠습니다. 사실 내가 누구고, 나의 강점이 무엇인지를 아는 것만으로는 아무 일도 일어나지 않습니다. 내가 어떤 사람이고 나의 차별점이 무엇인지, 나의 아이덴티티를 적극적으로 주변에 알려야만 누군가가 날 바라봐주겠죠. 가만히 앉아 있어서는 어떤 일도 일어나지 않아요. 그렇다면 어떻게 나를 알려야 할까요? 사실 이것에 정답이란 없습니다. 하지만 중요한 것은 어떻게든 남들과 다른 방식으로 나를 알릴 필요가 있다는 점입니다. 거기에 우아함과 품격은 그리 중요하지 않아요. 무슨 수를 쓰든 한 번이라도 나를, 우리 브랜드를 주목하게 하는 일이 가장 중요합니다. 누구는 TV 광고를 하면 된다고, 파워 인플루언서를 쓰거나 인기 있는 유튜브 콘텐츠를 활용하면 된다고 쉽게 말할 수도 있지만, 안타깝게도 모든 기업이 그만큼 형편이 좋지는 않습니다.

2014년 당시 29CM의 인지도는 그리 높지 않았습니다. 저를 포함한 동료 모두 29CM가 다른 곳과는 차별화된 온라인 편집숍임을 보여줄 준비가 되어 있었지만, 외부에서는 우리를 모르는 것이 문제였죠. 어떻게 우리를 알릴 수 있을까요? 그것도 예산이 거의 없는 수준에서 말입니다. 그때 떠올린 생각이 하나의 명확한 주제를 잡은 뒤, 이와 관련해 이목을 집중시킬 콘텐츠를 만들어보자는 것이었습니다. 어떤 주제로 정할지 고민하던 중, 5월 22일이 '국제 생물 다양성의 날'이란 사실을 알게 되었습니다. 이것을 주제로 삼으면 사람들에게 다양한 멸종위기 동물도 소개하면서 우리를 알릴 수 있는 의미 있는 캠페인이 되겠다 싶었습니다. 그렇다면 어떤 방식으로 보여줘야 서비스와의 연결성도 높이면서 사람들의 이목을 집중시킬 수 있을까요? 우선 서비스 내에서 비중이 가장 높았던 패션과 접목할 방법을 찾아보았습니다. 그렇게 해서 29명의 직원이 당시 29CM에서 판매 중인 제품들을 손수 입고 촬영한 다음, 각자 얼굴에 멸종위기 동물들의 얼굴을 하나씩 합성했습니다. 그리고 이것을 패션 화보 형태로 제작해 국제 생물 다양성의 날에 맞춰 29CM에서 공개했습니다. 캠페인을 '29 ANIMALS'라고 이름 붙이고, 각각의 멸종위기 동물을 소개하며 현재 어떤 상황에 처해 있는지도 함께 게시했죠.

'29 ANIMALS'는 패션 아이템을 주로 판매하는 온라인 편집숍이라는 서비스의 성격을 유지하면서, "Guide to Better Choice"라는 29CM의 브랜드 미션 그리고 "Goody Hearty Wacky(멋지고 착하고 엉뚱하게)"라는 당시 슬로건을 잘 보여주는 캠페인이었습니다. 캠페인을 소셜미디어를 통해 공개하자 곧 여기저기 퍼지기 시작했고, 일부 매체에서는 먼저 연락이 와 기사로 써주기도 했죠. 100만 원이 채 안 되는 광고비로 어찌 보면 소소하게 진행한 캠페인이었지만, 29CM라는 브랜드를 사람들에게 다른 방식으로 어필하는 계기가 되었습니다. 또 하나 흥미로웠던 점은, 이 캠페인이 정확히 6년 뒤인 2020년에 다시 한번 트위터를 통해 크게 화제가 되었다는 것입니다. 3000번 이상 리트윗되면서 "트위터에서 화제가 된 아주 특별한 동물 패션 화보"라는 제목으로 기사가 나기도 했죠. 이렇듯 꼭 많은 비용을 들이지 않더라도 충분히 효과적으로 브랜드를 알릴 수 있음을 이 캠페인을 통해 확인할 수 있었습니다. 당시 예산이 없다는 탓만 했더라면 이런 캠페인을 진행할 수 없었을 테죠. 그러니

멸종위기 동물을 주제로 삼아 진행한 '29 ANIMALS' 캠페인

중요한 것은 예산이 아닙니다. 예산이 넉넉지 않더라도 우리를 알려보겠다는 의지가 더 중요합니다. 어떤 방식으로든 말이죠.

흔한 경품 이벤트도
남들과는 다르게

정보가 넘쳐나는 세상에서 무언가로 누군가의 이목을 집중시키는 것은 결코 쉬운 일이 아닙니다. 그래서 보통 기업들에서는 리워드, 즉 '경품'을 활용하여 사람들의 주목을 끄는 방식을 선호해왔습니다. 하지만 하루에도 수많은 이벤트가 진행되고 사라지는 상황에서 모든 경품 이벤트가 원하는 바를 달성할 수 있을까요? 오히려 무분별한 경품 이벤트는 브랜드의 이미지를 해치는 요인으로 작용할 수도 있습니다.

앞서 얘기한 대로 브랜드의 인지 초기 단계, 즉 브랜드가 만들어진 지 얼마 되지 않은 경우에는 사실 브랜드를 알릴 수 있는 활동이 제한적일 수밖에 없습니다. 그런 상황에서 가만히 앉아 우리를 봐달라고, 우리 앱을 설치해달라고,

우리의 회원이 되어달라고 기다릴 수는 없으니, 어떻게든 세상에 우리의 존재를 알려야 합니다. 그때 기업들이 가장 쉽게 떠올리는 방법이 바로 경품을 걸고 진행하는 이벤트입니다. 공짜로 무엇을 준다는데 싫어할 사람은 많지 않으니까요.

저도 2014년, 29CM 앱을 막 론칭했을 때 비슷한 고민을 했습니다. 차별화되게 애써서 잘 만든 앱을 어떻게 많은 사람이 다운로드하게 만들 것인가란 고민 끝에 선택한 방법이 바로 경품 이벤트였죠. 하지만 남들처럼 뻔하고 안전한 방식으로 이벤트를 진행하고 싶지는 않았습니다. 대부분의 경품 이벤트는 책정된 예산 내에서 경품을 되도록 많이 쪼개어 제공하려고 하는데요. 아무래도 경품의 종류가 많아지면 응모자가 당첨될 확률이 높아지니, 더 많은 사람이 참여할 것이라는 생각 때문입니다. 때로는 비슷한 이유에서 "당첨 확률 100퍼센트"라는 조건을 내걸기도 하죠.

그렇지만 저는 경품 이벤트에서도 확실히 남들과는 차별화된 모습을 보여주고 싶었습니다. 지금 우리의 상황은 이것을 할 수밖에 없지만, 이 경품 이벤트를 우리 브랜드를 알리는 것을 넘어 사람들이 기억하게 하는 도구로 활용할 수는 없을까? 이벤트 내용 자체에서도 브랜딩의 효과를 만들 수는 없을까? 이런 질문의 답을 찾기 위해 고민을 거듭한 결과, 몇 가지 이벤트를 성공적으로 진행하여 우리만의 개성을 시장에 어필할 수 있었습니다.

여기에서는 그 시작이었던 'GET 29CM, GET MINI'를 소개해보고자 합니다. '29CM 미니쿠퍼 이벤트'로 기억하는 분들도 많을 텐데요. 아마도 29CM를 오래전부터 알고 있던 분이라면 그 당시 이 이벤트에 참여했거나, 이를 계기로 29CM를 알게 된 분도 있을 것입니다. 이 이벤트는 다음 부분에서 남들과는 다른 차별점이 있었습니다.

첫째, 오로지 1명에게만 주는 큰 혜택

저는 오직 딱 한 사람에게만 차 한 대를 주는 방식을 선택했습니다. 이런 방식이라면 이벤트의 주목도를 일반 경품 방식보다 훨씬 더 높일 수 있으리라 생각했죠. 차를 증정하는 이벤트가 당시엔 흔치 않았고, 비록 내가 당첨되지는 못해도 누가 그 주인공이 될지 궁금하기 마련이니까요.

둘째, 추구하려는 브랜드 이미지와 가장 잘 맞는 경품으로

차를 경품으로 증정한다는 것만으로는 뭔가 부족했습니다. 왜 이것이냐는 의미가 있어야 하기 때문입니다. 경품도 해당 브랜드 이미지에 잘 부합해야 한다고 생각했기에, 고민 끝에 차종을 미니쿠퍼로 정했습니다. 여기에는 3가지 이유가 있었는데, 당시 미니쿠퍼는 2535세대 여성들이 타고 싶어 하는 차 중 하나였습니다. 이들은 29CM의 인구통계학적 타깃이기도 했습니다. 또한 미니쿠퍼의 당시 글로벌 캠페인이 "NOT NORMAL"이란 슬로건으로 진행되고 있었고, 이것이 29CM가 추구하는 이미지와 잘 맞는다는 생각이 들었기 때문입니다. 마지막으로 미니쿠퍼는 커스터마이징 방식이 다른 차종에 비해 많이 열려 있다는 점도 매력적이었습니다.

셋째, 세상에 단 하나뿐이라는 희소성

우리는 검은색 미니쿠퍼를 한 대 구입해서 29CM를 떠올리게끔 화이트와 크롬 컬러의 선을 넣어 멋지게 커스터마이징했습니다. 그리고 안전벨트에는 당시 29CM의 슬로건이었던 "Goody Hearty Wacky"를 새겨 넣었죠. 이렇게 세상에 단 하나뿐인 미니쿠퍼를 이벤트 경품으로 준비해두었습니다.

│ 넷째, 고객을 주저하게 하는 단 하나의 요인까지 깨끗이 없애기

경품 수령 시 발생하는 제세공과금도 29CM에서 과감히 부담하기로 했습니다. 사실 어떤 경품이든 그것이 5만 원 이상이면 제세공과금 22%는 고객이 부담해야 합니다. 만약 자동차라면 그 액수는 더욱 부담스러울 수밖에 없고, 당첨된 사람에게는 이벤트의 마지막 경험이 그리 좋지 않은 기억으로 남을 수도 있죠. 그래서 이 제세공과금마저 기업에서 감당한다고 강조하면 확실히 차별화할 수 있겠다고 생각했습니다. 요즘은 이벤트에서 제세공과금을 기업이 부담하는 경우가 종종 있습니다. 아마도, 아니 확신하건대 이 이벤트 이후 발생한 현상이라 생각합니다.

그렇게 29CM 앱으로 이벤트에 응모한 사람 중 단 1명에게 세상에 하나뿐인 미니쿠퍼를 제세공과금 부담 없이 제공하는 이벤트를 2주간 진행했습니다. 이벤트에 응모하기 위해서는 앱을 설치하여 경험해봐야 하고, 당첨 시 연락을 위해 회원 가입이 필수였기 때문에 그리 쉬운 이벤트는 아니었죠(이를 진입장벽이 높다고도 얘기합니다). 그렇다면 결과는 어땠을까요? 우선 이런 새로운 방식의 경품 이벤트는 처음 접해보는 것이기에 많은 사람이 우리 브랜드에 호기심을 보였습니다. 당첨 확률이 굉장히 낮은 이벤트임에도 불구하고 자신이 그 1명이 될 수 있지 않을까 하는 기대로 정말 많은 사람이 이벤트에 참여했습니다. 2주간 이벤트 페이지에 100만 명 이상이 몰렸고, 29CM 앱 다운로드는 약 10만 건이 발생했습니다. 회원 가입 역시 그만큼 증가했는데, 이벤트 이전 평균 회원 가입 수의 몇십 배에 달하는 숫자였죠.

당연히 소셜미디어에서도 크게 화제가 되었습니다. 당시 29CM 페이스북 계정에 게재했던 이벤트 페이지는 1.1만 라이크를 발생시켰으며, 1900개의 댓글에 1000회에 가까운 공유가 발생했죠. 그러니 이 포스팅 하나의 도달률 또한 아마 엄청났을 것입니다. 애플 앱스토어 라이프스타일 부문에서도 1위를 달성했고, 전체 무료 앱 부문에서는 4위까지 도달하는 기염을 토했죠. 이 이벤트를 계기로 네이버 검색

창에 29CM를 입력하면 자동완성 기능으로 '29CM 미니쿠퍼' '29CM 이벤트'라는 키워드가 함께 노출될 정도로 호응이 뜨거웠습니다. 그 당시는 인스타그램이 그리 활성화되지 않았는데, 만약 요즘처럼 이를 알리는 데 인스타그램까지 동원되었다면 훨씬 많은 노출과 참여가 이루어졌을 것입니다.

　　2주의 기간 동안 이벤트는 성공적으로 마무리되었지만, 아직 중요한 과제가 하나 남아 있었습니다. 바로 당첨자를 선정하고 경품을 배송하는 일이었습니다. 우리는 그 남은 마지막 과정까지 남들과는 다른 방식을 택했습니다. 얼마나 공정하게 선발했는지 보여주기 위해 간단한 코딩으로 10만 명이 넘는 응모자 중 1명을 선정하는 과정을 편집 없이 원테이크로 촬영하여 고객들에게 공개했습니다. 그리고 29CM 택배 배송 박스와 똑같은 디자인으로 미니쿠퍼가 들어갈 크기의 박스를 제작하여 그것을 트럭에 실어 당첨자에게 직접 배송했죠. 심지어 그 박스에 택배 송장도 부착했습니다. 그리고 이런 일련의 과정을 모두 영상으로 촬영해 공개함으로써, 2차 홍보 효과를 거두었습니다. 결국 'GET

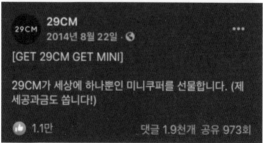

세상에 하나뿐인 미니쿠퍼를
제세공과금 부담 없이 제공하는 이벤트로 큰 화제를 모았다.

29CM, GET MINI' 경품 이벤트는 당시 큰 화제를 불러일으키며 고객뿐 아니라 내부 직원들, 거래처 관계자들 사이에서도 오랫동안 회자되었습니다. 29CM를 개성 있는 브랜드로 많은 사람에게 알렸음은 물론이고요.

경품을 당첨자에게 배송하는 과정까지
영상으로 만들어 공개했다.

'GET 29CM, GET MINI'
바이럴 영상

독특한 이벤트만으로
브랜딩이 가능할까

미니쿠퍼 이벤트가 큰 성공을 거둔 뒤 저는 이런 기세(?)를 계속 이어가길 바랐습니다. 아직 29CM 앱을 사용하지 않은 많은 잠재 고객들이 시장에 있었고, 29CM만의 차별화된 이미지를 계속 이어서 만들어야겠다는 강한 의지도 있었죠. 그래서 또 다른 이벤트를 기획하게 되었는데요. 당시 'GET 29CM, GET MINI' 이벤트만큼이나 홍보 효과가 컸던 것이 바로 '29CM 1000만 원 이벤트'였습니다. 총 3회에 걸쳐 시리즈로 진행한 이벤트라 그 방식도 굉장히 독특했죠. 구체적으로 어떻게 진행했을까요?

첫째, 오직 1명에게만 제공하는 1000만 원 마일리지

'GET 29CM, GET MINI' 이벤트와 마찬가지로 이번에도 다수에게 골고루 혜택을 나눠주는 방식이 아닌, '오직 한 사람'에게만 큰 행운이 돌아가도록 기획했습니다. 이번 경품은 자동차처럼 물성이 있는 제품이 아닌 1000만 원 상당의 마일리지였죠. 예산상 최대 금액이기도 했지만, 1000만 원이라는 돈은 누구나 도전해보고 싶을 정도의 큰 금액인데다, 꼭 참여하지 않더라도 사람들의 기억에 남을 만한 액수였기 때문입니다. 같은 1000만 원의 예산이라도 그것을 1000명 또는 그 이상으로 쪼개어 경품을 제공하는 일반적인 방식이 아니라, 오직 1명에게 제공한다는 점 역시 미니 쿠퍼 이벤트처럼 고객에게 큰 차별점으로 작용하리라 생각했습니다.

둘째, 한 달, 하루, 1시간 안에 몽땅 써야 하는 게임 같은 미션

이것을 기획하는 방식에서도 기억에 남을 만한 점을 설계했습니다. 최종 당첨자는 제공된 1000만 원을 제시한 기간 내에 몽땅 써야 한다는 미션을 붙인 것입니다. 이 미션

덕분에 마치 게임처럼 받아들여져 수많은 사람의 도전 욕구를 불러일으켰습니다. 첫 이벤트에서 제시한 한 달이라는 기간은 다음 이벤트에서는 단 하루, 그다음에는 무려 1시간 안에 써야 하는 미션으로 점점 그 난이도(?)를 높여갔죠. 이렇게 세 차례 시리즈로 연속성 있게 진행함으로써 첫 번째 이벤트에 참여한 사람들이 다음 이벤트에도 재도전하는 경우가 많았고, 그들이 29CM의 고객이 될 가능성도 자연스레 높아졌습니다.

│ 셋째, 이벤트를 알리는 커뮤니케이션도 다르게

│ 이벤트를 알리고 전달하는 커뮤니케이션 방식에도 차별화를 주고자 했습니다. 마치 벽보처럼 모집 공고 포스터로 디자인해서 이 이벤트의 흥미로운 미션과 경품 소식을 전했는데요. 즉, 이런 이벤트에 참여해보라는 일반적인 커뮤니케이션 방식에서 벗어나, '1000만 원을 한 달 안에 몽땅 쓸 수 있는 사람을 찾는다'라는 메시지를 포스터에 담아 사람들에게 알리기 시작한 것이죠. 이 같은 전달 방식은 사람들의 호기심과 도전 욕구를 더 크게 불러일으켰습니다.

넷째, 만우절 단 하루만 진행

보통 하나의 이벤트를 진행하면서 그 기간을 몇 주 정도로 잡는데요. 그 이유는 사실 명확합니다. 이벤트를 홍보하는 데에도 시간이 필요하고, 기간이 어느 정도 길어야 더 많은 사람이 참여할 수 있기 때문이죠. 하지만 '29CM 1000만 원 이벤트'에서는 새로운 모험을 해보기로 했습니다. 이 이벤트를 마치 만우절 거짓말처럼 보이도록 만우절 당일, 단 하루에만 진행하기로 한 것이죠. '단 하루'라는 제한적 상황이 CTACall to Action, 즉 사람들의 즉각적인 행동을 이끌어낼 수 있으리라 생각했습니다. '내가 이 이벤트에 당첨될까?'라고 걱정하기 전에 '단 하루라는데 일단 참여하고 보자' 하는 심리를 이용한 것이었죠. 그리고 그 하루를 '만우절'로 설정해 이벤트의 주목도를 더욱 높였습니다. 사람들이 거짓말이라 생각하고 참여하지 않으면 어쩌나 걱정되기도 했지만, 그보다는 모든 거짓말이 용서되는 만우절이라는 독특한 상황 속에서 이런 메시지를 던지면 더 많은 관심과 재미를 줄 수 있겠다고 판단했죠. 만우절이니 속는 셈 치고 한번 해보자는 심리도 분명 있었을 테고요.

그 밖에 'GET 29CM, GET MINI' 이벤트와 마찬가지

로, 이번에도 당첨된 경품의 제세공과금은 쿨하게 29CM가 부담하기로 했습니다. 또 한편으로는 '위로금'이라는 위트 있는 명목으로 이벤트 참여자 일부에게 5만 마일리지를 제공하도록 설정해 참여도를 더욱 높이고자 했습니다.

▌ 만우절 하루 동안 진행한 1000만 원 마일리지 증정 이벤트

총 3회에 걸쳐 진행했던 이 이벤트의 결과는 놀라웠습니다. 진행 기간이 짧았음에도 불구하고 약 100만 명이 이벤트 페이지를 방문했고, 그중 신규 회원 10만 명이 앱을 통해 이벤트에 참여했습니다. 이 이벤트의 목적은 앱 설치(신규 회원 확보)였으니 결과적으로 이를 달성한 셈입니다. 이벤트 참여자들도 컨셉이 재밌었는지 적극적으로 공유했고, 공식 계정의 이벤트 포스팅에 달린 댓글도 5000개에 달했습니다. 이 이벤트가 만우절 거짓말이면 사이트를 폭파하겠다는 무서운(?) 댓글이 달리기도 했고요.

　　이 만우절 이벤트는 예상치 못한 재미있는 이슈들을 많이 만들어냈는데, 꽤 많은 참여자들이 미리 자신의 장바구니에 1000만 원 상당의 물건을 가득 채워 놓기도 했습니다. 그 바람에 서버가 잠시 느려질 정도였죠. 이는 브랜드 경험의 측면에서도 상당히 의미가 있었습니다. 많은 사람이 자연스럽게 서비스 구석구석을 탐색하고, 다양한 카테고리의 상품들을 경험하게 되었으니까요. 참여자들은 자기 장바구니 금액을 인스타그램에 해시태그를 달고 인증하기도 했습니다. 처음 기획했던 대로 사람들이 마치 하나의 게임처럼 즐기는 모습을 확인할 수 있었죠. 이벤트 후기도 당첨자

이벤트 후기 영상으로 당첨 소식을 알리는 실제 장면도 담았다.

**만우절 이벤트
후기 영상**

에게 당첨 소식을 알려주어 깜짝 놀라는 모습을 그대로 영상에 담았고, 당첨자의 구입 물품도 스치듯 빠르게 보여주었습니다. 그 영상이 또 재밌었는지 많은 사람이 소셜미디어로 퍼뜨려주기도 했습니다. 당첨된 분을 매우 부러워하면서 말이죠.

이벤트는 가장 흔한 마케팅 방식입니다. 그렇다면 이런 이벤트만으로 브랜딩이 가능할까요? 대부분의 이벤트는 고객을 잠시 끌어모으는 데서 끝나곤 합니다. 그렇기에 저는 앞서 언급한 사례와 같이 이벤트의 내용이나 진행 방식, 당첨자 발표까지 하나하나 신경 쓰며 차별화하여 29CM라는 브랜드의 존재감을 확실히 각인시키고자 했습니다. 그 결과 'GET 29CM, GET MINI' 이벤트와 만우절 1000만 원 이벤트를 통해 29CM의 인지도는 크게 높아졌습니다. 특히 'GET 29CM, GET MINI'는 처음으로 29CM라는 이름을 많은 사람에게 알린 이벤트였는데, 그 방식이 매우 유니크했기 때문입니다. 차별화된 컨셉과 전개 방식으로 29CM는 다른 쇼핑몰과 확실히 다름을 소비자가 경험하고 또 인지하게 한 것이죠. 이후 29CM에서 진행한 이벤트 컨셉을 다른 기업이 모방하는 일도 종종 있었습니다. 심지어 미니쿠퍼 이벤트와 1000만 원 이벤트를 합쳐서 그대로 따라 한 이벤트도 등장했죠. 그래서 기분이 나빴느냐고요? 아뇨. 오히려 우리 브랜드가 진행한 이벤트가 꽤 성공적이었다는 증명서 같아 기분이 좋았습니다.

사람들의 기억에
오래 남으려면

브랜드가 어떤 이유에서든 일단 주목받기 시작하면, 사람들의 기억 속에 남는 일에서 한 단계는 성공했다고 볼 수 있습니다. 그렇지만 문제는 브랜드가 얼마나 오랜 시간 기억될 수 있는가입니다. 평범한 기억은 결국 휘발되기 마련입니다. 그래서 남들과는 다른 강한 인상을, 내가 추구하고자 하는 모습을 꾸준히 보여줘야 사람들의 기억에 우리 브랜드를 각인시킬 수 있습니다. 기억의 시발점이 되는 것은 강렬함이지만, 그 기억에 오래 머무르는 것은 지속성에서 비롯된다고 생각합니다. 그래서 브랜딩을 하는 사람에게 가장 도전적인 과제는 이 브랜드의 지속성을 어떻게 유지하는가입니다. 브랜딩 과정에서 브랜드에 대한 사람들의 관심이 높아지는 때가 있으면, 낮아지는 때도 있기 마련이니까요. 그럴 때마다 무언가를 통해 지속적으로 해당 브랜드만의 이미지를 보여줘야 합니다. 그래서 항상 차별화된 모습을 보여줘야 한다는 부담감과 그에 따른 창작의 고통은 브랜딩을 하는 사람에게 숙명과도 같습니다.

29CM의 브랜딩을 진행할 당시, 그 지속성을 유지하기 위한 이벤트 중 하나가 '시티 리포터'였습니다. 앞서 말했듯 브랜드의 차별화를 위해 서비스 카테고리에 매거진 코너를 마련해두고 있었는데, 그곳에서 다루던 다양한 소재 중 특별히 여행을 주제로 이벤트를 진행해본 것입니다. 소위 '힙하다'는 전 세계 도시들 가운데 한 곳을 정한 다음, 앱 내에서 신청을 받아 한 팀(본인 포함 3인까지)을 선정해 왕복 항공권과 소정의 활동비를 제공했는데요. 선정된 팀이 자유로운 일정 안에서 해당 도시의 다양한 숍들을 방문해 소개하는 리포터 역할을 하는 것이 이 기획의 취지였습니다. 이들이 글과 사진으로 기록한 여행보고서는 29CM 앱 내 매거진을 통해 다른 유저들에게 소개되었죠.

이 이벤트 역시 상당히 호응이 높았습니다. 이벤트를 오픈할 당시 저에게 이 이벤트가 진짜인지, 어떻게 당첨되는지를 문의하는 카톡이 정말 많이 오기도 했습니다. 첫 도시였던 베를린을 시작으로 방콕, 헬싱키, 타이베이 등으로 이벤트를 이어감으로써 브랜딩 활동에 지속성을 부여할 수 있었죠. 특히 '시티 리포터'는 이후 29CM 회원들을 대상으로 한 설문조사에서 가장 기억에 남는 이벤트로 언급되기도 했습니다.

▎ 네 번째 '시티 리포터' 이벤트였던 타이베이 편

지속성만큼이나 중요한 것이 바로 '일관성'입니다. 캠페인이나 이벤트를 지속적으로 진행하더라도 그것이 전달하는 시그널이 모두 제각각이라면, 사람들에게 그 브랜드만의 이미지를 정확히 인식시키기가 어렵기 때문입니다. 지속성 있게 브랜딩 활동을 진행하되, 그 내용은 일관성을 갖춰야 한다는 얘기죠. 그래서 29CM에서 또 다른 만우절 이벤트를 기획할 때도 많은 공을 들였습니다. 이미 1000만 원 상당의 마일리지를 증정하는 만우절 이벤트로 참신하고 기발하다는 인상을 얻어냈기에, 그 기억을 지속시키면서도 새로운 이벤트를 준비할 필요가 있었습니다.

그런 기조 하에 진행한 것이 '하트 쇼핑'이라는 만우절 이벤트였습니다. 29CM에서 출시한 새로운 쇼핑 기능이란 설정으로, 말 그대로 내가 그 상품을 정말 원하는지 심장의 반응을 통해 보여준다는 스토리라인을 가지고 있었습니다. 29CM 앱을 통해 보고 있는 상품이 내가 정말 원하는 상품인지 혹은 충동구매인지 애플워치의 심박 센서가 내 심박 동수를 자동으로 감지하여 알려준다는 게 핵심인데요. 충동구매로 의심되면 심호흡을 유도하고 마음을 안정시켜주는 기능이 동작하고, 그럼에도 불구하고 다음 날 다시 해당 상

이렇게 29CM는 늘 크고 작은 화제를 몰고 다니는 이벤트를 이어가며, 29CM만의 개성 있는 이미지를 만드는 브랜딩 활동을 지속해나갔습니다.

29CM와 같이 이벤트를 통해 자기 브랜드를 알리고 또 많은 관심을 받으며 브랜딩을 진행했던 사례들은 사실 그리 많지 않습니다. 많은 기업이 이벤트를 단순히 어떤 조건을 주고 이를 달성한 고객에게 리워드를 지급하는 활동으로만 생각하기 때문입니다.

그러나 이런 방식이 아닌 차별화된 접근과 크리에이티브로 많은 주목을 받았던 해외 이벤트를 하나 소개하고자 합니다. 바로 버거킹의 'Whopper Sacrifice(와퍼의 희생양)' 이벤트입니다. 이 캠페인은 페이스북 사용자들이 자신의 친구 목록에서 10명을 삭제하면, 버거킹이 그 대가로 무료 와퍼 쿠폰을 제공하는 방식으로 진행되었습니다. 버거킹은 이 캠페인을 통해 자사 제품인 와퍼 버거의 인지도를 높이고, 사용자들이 소셜미디어에서 자발적으로 버거킹과의 상호작용을 늘리도록 유도하는 것을 목표로 했는데요. 참가자는 페이스북에서 제공하는 특별한 애플리케이션을 통해 친구 10명을 삭제할 수 있었고, 삭제된 친구들은 자신이 이 이벤트에 의해 친구 목록에서 제거되었다는 알림을 받았습니다. 이 알림에는 "○○가 와퍼를 위해 당신을 친구 목록에서 삭제했습니다"라는 메시지가 포함되었습니다. 이 캠페인의 핵심은 사용자들에게 친구 관계의 가치를 유머러스하게 시험하면서, 버거킹 제품의 높은 가치를 상징적으로 강조한 것입니다. 'Whopper Sacrifice'라는 이름 자체도 '희생'이라는 단어를 사용해 와퍼 버거가 10명의 친구보다 더 가치 있다는 메시지를 전하고자 했죠. 이는 사용자들에게 큰 재미와 도전 의식을 불러일으키며 높은 참여율을 이끌어냈습니다.

페이스북 사용자들이 재미 삼아 친구들을 삭제하고 무료 와퍼를 얻는 과정에서 이 이벤트는 빠르게 입소문을 타고 퍼졌습니다. 캠페인 시작 후 약 10일 동안 전 세계에서 20만 명 이상의 친구들이 페이스북에서 삭제되었고, 그만큼 많은 수의 와퍼 쿠폰이 발급되었습니다. 이 캠페인의 인기는 너무나도 폭발적이어서, 결국 페이스북이 개입하게 됩니다. 페이스북은 사용자들이 친구 삭제 사실을 통보받는 과정에서 프라이버시 문제가 제기될 수 있다고 판단해, 이 애플리케이션을 차단하기로 결정했죠. 결국 버거킹은 캠페인을 중단할 수밖에 없었지만, 그럼에도 불구하고 이미 이이벤트는 큰 화제를 불러일으키며 버거킹의 브랜딩 성공 사례로 자리 잡았습니다. 'Whopper Sacrifice'라는 도발적이고 유머러스한 캠페인 덕분에 버거킹은 젊은 세대 사이에서 신선하고 창의적인 브랜드로 각인되었습니다. 또한 사용자들이 자발적으로 소셜미디어에서 버거킹과 상호작용하게 함으로써, 브랜드에 대한 친근감과 호감도를 크게 높였습니다. 이 캠페인은 소셜미디어 마케팅의 혁신적인 사례로 평가받으며, 이후 많은 기업이 소셜미디어를 활용한 독창적인 마케팅 방법을 모색하는 계기가 되었습니다.

진정성, 브랜드의 진심은
힘이 세다

브랜딩에서 중요한 요소들을 꼽아보자면, 브랜드 아이덴티티, 차별성, 지속성, 일관성, 진정성 등을 들 수 있습니다. 그중 저에게 진정성 하면 가장 먼저 떠오르는 브랜드가 하나 있는데, 바로 자동차 회사 '볼보'입니다. 볼보는 오직 '안전'이라는 키워드 하나를 고객의 머릿속에 각인시키기 위해 오랜 시간 많은 비용을 투자해 브랜딩을 해왔습니다. 그런데 이보다 더 중요한 것은 볼보는 '안전'에 대해 정말 진심이라는 점입니다.

　과거에 안전벨트는 허리 부분만을 감싸는 2점식 안전벨트였는데요. 오늘날 어깨 부위까지 감싸는 3점식 안전벨트를 처음 개발한 회사가 바로 볼보입니다. 그런데 볼보는 특허받은 이 제조 기술을 무료로 공개하여 다른 자동차 회사들도 사용할 수 있게 했습니다. 자신만의 강점이 될 수 있었던 이 핵심 기술을 공개함으로써 당장의 매출보다는 모두의 안전을 택한 결정이 정말 멋져 보였어요. 이 기업이 안전을 얼마나 중요하게 생각하는지를 보여주는 단적인 예시였죠. 그 밖에 볼보는 주행 안전과 관련한 다양한 기술 특허를 보유하고 있습니다.

브랜딩을 하는 사람으로서 제가 볼보를 더욱 눈여겨보게 된 계기는 볼보 코리아 공식 소셜미디어에 올라온 한 장의 이미지였습니다. "#볼보의_오지랖"이라고 적힌 그 이미지에 따르면, 볼보 차종 중 높은 전고를 가진 크로스오버 차량은 하단에 크로스 멤버가 있어, 마주 오는 일반 세단형 차량과 정면충돌 시 상대방 차에 올라타지 않고 정확히 메인 프레임끼리 맞닿게 하는 역할을 한다고 했는데요. 그것을 본 순간, 볼보는 그 차량에 탑승한 사람의 안전뿐 아니라 상대 운전자의 안전까지 지키려는 브랜드라는 생각이 강하게 들었습니다. "#볼보의_오지랖"이라는 키워드와 함께 그 내용은 제 마음속에 오래 남았고, 이후 볼보라는 브랜드에 더욱 깊은 관심을 가지게 되었죠. 다른 자동차 브랜드가 강조하는 '속도감' '세련된 디자인' '연비' 같은 키워드보다 볼보에서 강조하는 '안전'이란 키워드가 제게는 훨씬 진정성 있게 다가왔고, 결국 저는 볼보 차량을 보유한 또 한 명의 고객이 되었습니다. 저는 지금 사용하는 볼보에 매우 만족하고 있고, 다음 차를 구매할 때도 볼보를 선택할 것입니다.

브랜드의 진정성 하면 떠오르는 브랜드가 또 하나 있는데, 바로 '파타고니아'입니다. 파타고니아는 오래전부터 환경을 사랑한다는 메시지를 많이 알렸는데요. 2011년 〈뉴욕타임스〉에 게재한 "DON'T BUY THIS JACKET"이란 광고가 유명하죠. 사실 친환경이라는 키워드를 자사의 이미지 포장에 활용하는 기업도 많습니다. 그러나 이 브랜드가 정말 환경에 진심이라고 생각한 이유는 따로 있습니다. 몇 년 전 파타고니아의 창업주인 이본 쉬나드가 그와 가족들이 가지고 있는 회사의 모든 지분을 환경단체에 넘겼다는 소식을 들었습니다. 이 사건(?) 이후 저는 그들이 얘기하는 환경 사랑이 진심임을 느끼게 되었고, 파타고니아 제품을 구매하기에 이르렀습니다. 파타고니아를 입으면 마치 저도 환경을 사랑하는 사람이 된 듯해 기분이 좋기도 하고, 또 남들도 그렇게 봐주리라는 기대감도 있습니다. 이것을 구매함으로써 저도 지구에 작게나마 좋은 일을 했다는 생각도 들고요.

이렇듯 진심은 생각보다 힘이 셉니다. 여러분의 브랜드가 추구하고자 하는 진심이 있고 그것을 몸소 보여준다면 사람들은 여러분의 브랜드를 기억할 것입니다. 물론 진심을 어떻게 보여줄지도 중요하겠죠?

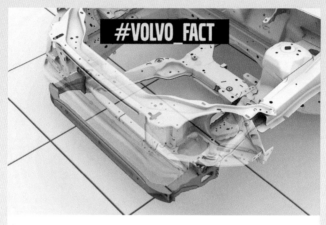

#볼보의_오지랖

볼보의 높은 전고의 **크로스오버 차량**에는
마주오는 일반 세단형 차량과 정면 충돌 시
상대방 차에 올라타지 않고 정확히
메인 프레임끼리 맞닿을 수 있도록
하단 크로스 멤버 Lower Cross Member가 있다.

'안전'이라는 기업 철학으로 브랜딩을 이어가고 있는 볼보

사람들의 마음속에
방점 찍기

브랜딩을 위해서는 지속성도 중요하지만, 가끔은 사람들에게 "와!" "역시!" 하는 감탄사를 유발할 만한 인상적인 브랜딩 활동이 필요합니다. 이를 통해 사람들의 마음속에 방점을 뚜렷하게 남겨 우리 브랜드를 오래 기억시키고, 브랜드가 가지고 가려는 이미지를 더 단단히 굳히는 것입니다.

제가 경험했던 대표적인 사례로 아이웨어 브랜드인 '젠틀몬스터'를 꼽을 수 있는데요. 젠틀몬스터는 플래그십 스토어를 새로 선보일 때마다 감탄을 불러일으킵니다. 각각의 매장 컨셉이 다르고, 안경 판매를 위한 숍이라기보다는 고급스러운 갤러리에 가까운 인상을 주죠. 플래그십 스토어에는 넓은 공간 대비 아이웨어 제품을 그리 많이 진열하지도 않습니다. 그보다는 방문객들에게 젠틀몬스터가 추구하는 고급스러움과 예술혼, 남다른 실험정신을 전달하는 데 더 중점을 두죠.

배우 틸다 스윈튼을 모델로 한 화보는 이 브랜드의 이미지에 방점을 찍었습니다. 그 화보를 통해 국내 디자인 브랜드를 넘어 글로벌 브랜드로 자리매김한 젠틀몬스터의 위상을 실감할 수 있었습니다.

TILDA SWINTON × GENTLE MONSTER

틸다 스윈튼을 모델로 내세운 젠틀몬스터 화보

29CM에서 브랜딩을 이끌 당시, 사람들의 마음에 방점을 찍었다고 생각하는 프로젝트가 있는데요. 2016년 여름에 론칭한 앱 푸시 서비스 '루시LUCY'가 그것입니다. 이는 세일즈보다는 철저히 브랜딩 목적으로 기획한 프로젝트였죠. 결론부터 말씀드리자면 기존의 앱 푸시 메시지의 성격을 완전히 바꾼 이 새로운 서비스는 당시 큰 화제를 일으켰습니다. "단순히 판매를 위하기보다 소비자와의 교감에 집중하려는 시도는 그들의 브랜드 아이덴티티와 공명한다"라는 〈THE PR〉의 기사에서 알 수 있듯이 당시 여러 언론에서도 루시를 크게 주목했습니다. 한 교육 콘텐츠 기업에서 운영했던 '스콜레 프로젝트'에서는 루시를 현대카드, SSG, 비비고, 무인양품, 러쉬 등의 막강한 브랜드와 함께 당시 최고의 브랜딩 프로젝트로 소개하기도 했죠.

"29CM다운 앱 푸시 메시지는 어떤 모습일까?"

루시는 이 질문으로부터 시작되었습니다. 대부분의 커머스 앱에서는 하루에 몇 번씩 유저들에게 메시지를 보냅니다. 할인, 할인 그리고 또 할인. 커머스 앱이니 푸시 메시지는 당연히 그래야 하는 줄만 알았고, 29CM도 처음에는 크게 다르지 않았습니다. 하지만 스마트폰에서 사용하는 앱들이 늘어갈수록 각 앱에서 보내는 푸시 메시지도 계속 쌓여갔고, 유저들은 점차 그것에 피로감을 느껴 푸시 알림을 꺼두기 시작했습니다. 간단한 리서치 결과에서는 푸시 메시지 때문에 앱을 삭제해버린다는 응답도 많았다고 합니다. 그래서 29CM는 이 푸시 메시지에서도 남들과 차별화된 방법을 시도해보기로 했습니다.

먼저 앱 푸시 메시지의 역할에 대해 생각해보았습니다. 이는 마케팅 수신에 동의한 사람들에게 보내는 광고일까? 그렇다면 그들의 휴대폰 화면이 광고판의 역할을 하는 것일까? 하지만 제 생각은 조금 달랐습니다. 앱 푸시 메시지는 단순한 광고가 아니라, 브랜드가 고객과 소통하기 위해 말을 거는 행위라고 생각했습니다. 그렇다면 실제로 이를 통해 고객과 정서적 교감도 가능하리라 여겼죠. 물론 고객의 목소리를 직접적으로 들을 순 없겠지만, 우리의 감정을 고객에게 전달하고 그에 대한 응답을 받을 수만 있다면 어쨌거나 양방향 '소통'이 가능해 보였습니다. 이렇게 앱 푸시 메시지를 어떻게 개선할 수 있을까에서 시작된 생각은 하나의 작은 커뮤니케이션 서비스를 만드는 방향으로까지 확대되었습니다.

진정한 브랜딩은 브랜드를 사람으로 생각하게 하는 것이란 말이 있듯이, 마치 사람처럼 고객에게 말을 걸고(앱 푸시 메시지) 자신의 생각과 감정(앱 푸시를 클릭하고 서비스에 유입하면 제공되는 콘텐츠)을 고객과 나누는 역할이었으면 했습니다. 그래서 영화 〈그녀Her〉의 사만다처럼 푸시 메시지 서비스에 '인격'을 입혀보기로 결정했죠. 단순히 이름만 붙인다고 되는 게 아니라, 이 인격이 갖춘 명확한 특징들을 정의하고 이를 서비스에 담아내야 했습니다. 그래서 성별, 나이, 외모, 성격, 말투, 느낌 등을 기준으로 특징을 정의해보기 시작했는데, 그 모습이 29CM에 기대하는 이미지, 즉 29CM의 브랜드 페르소나와 최대한 일치하도록 설정했죠. 그리고 이름은 발음하기 쉬운 영문 이름 중 LUX, 즉 빛Light이라는 뜻의 라틴어에서 파생된 '루시LUCY'로 정했습니다.

우리는 루시의 페르소나를 기준으로 이 가상의 존재를 구체적으로 디자인해보았습니다. 따로 특정 컬러를 지정하지 않고 다양한 색상의 그러데이션을 통해 루시의 감정 변화를 표현하고자 했죠. 루시의 얼굴(로고)은 생생한 존재감이 느껴지도록 이미지가 아닌 gif로 제작하여, 애플의 시리

루시의 로고

 루시 소개 영상

처럼 계속 움직이는 모습으로 표현했습니다. 앱 푸시 사운드에 해당하는 목소리는 사운드 전문가에게 의뢰해 루시의 나이대(이자 29CM 유저들의 나이대) 여성과 흡사한 음역대로 제작하기도 했죠.

　루시의 감정은 글로 전달될 테니, 문체 또한 무척 중요했습니다. 이를 통해 고객들은 루시의 성격을 접하게 되기 때문입니다. 그래서 다양한 에세이와 소설을 분석하고 그중 담백하면서도 여운이 남는 문체를 중심으로 여러 테스트 과정을 거쳐 루시만의 말투, 즉 메시지 속 문장의 톤앤매너를 만들었습니다. 당시 이도우 작가의 소설 《사서함 110호의 우편물》, 이석원 작가의 산문집 《언제 들어도 좋은 말》 등을 참고했던 기억이 나네요. 이런 디테일한 요소가 루시와의 관계를 더 감성적으로 만들 뿐 아니라 루시라는 존재 자체를 더 매력적으로 보이게 할 수 있다고 생각했습니다.

　그렇다면 이렇게 탄생한 루시의 역할은 무엇일까요? 이는 명확했습니다. 루시는 늘 당신에게 관심을 기울이고 당신과 감정을 공유하고 싶어 합니다. 루시는 메시지를 통해 당신의 안부를 물으며 자신의 관심사와 일상을 공유하기도 하고, 때론 고민을 털어놓기도 하고, 당신을 위로하기도 합니다. 즉 당신과 더 가까워지고 싶은 존재, 이것이 바로 루시의 역할이었습니다. 그래서 루시는 의도적으로라도 특정 상품을 추천하거나 구매와 관련된 내용을 전혀 이야기하지 않도록 설정했습니다. 루시의 관심사는 오직 사용자와의 감정적 교류였죠.

이렇게 2016년 7월, 루시는 29CM의 수십만 유저들과 첫인사를 했습니다. 루시를 처음 선보였을 때의 반응은 예상보다 훨씬 폭발적이었는데요. 많은 사람이 루시의 오픈 소식을 개인 소셜미디어를 통해 공유하기 시작했고, "역시 29CM답다"라는 글들이 쏟아졌습니다. 그중 난생처음 앱 푸시 알림을 켜봤다는 반응도 나오면서, 자연스럽게 앱 푸시 메시지의 오픈율 또한 이전과 비교해서 훨씬 높아졌습니다. 마치 사람처럼 루시의 메일 계정도 하나 만들었는데, 실제로 루시에게 직접 메일을 보내는 유저들도 있었습니다. 대부분 루시에 대한 개인적 궁금증과 감사의 내용이었는데, 동료들은 루시에 빙의하여 모든 메일에 직접 답장을 보내기도 했습니다. 루시를 개발할 당시의 기획 의도처럼 루시는 정말 고객과의 소통 창구가 되어 그들과 더 깊은 관계를 형성하고 있었죠. 이들에게 루시는 단지 온라인 커머스 앱에서 보내는 푸시 서비스 그 이상의 존재였을 겁니다.

　　루시는 29CM의 브랜드 미션인 "Guide to Better Choice"를 관계적 측면에서 잘 풀어낸 성공적인 브랜딩 사례였습니다. 고객과의 더 나은 관계 형성(better relationship)을 위한 29CM만의 방식을 잘 보여준 프로젝트였죠. 그렇게 루시는 29CM의 브랜드 이미지를 한 단계 업그레이드시켰고, 고객들의 머리와 가슴속에 방점을 찍으며 오래도록 머물렀습니다. 루시가 떠난 지금까지도 많은 분의 기억 속에 남아 있길 바라는 마음입니다.

"내가 29CM를 좋아하는 이유, 앱 푸시를 이렇게 만들다니"

"그야말로 감성적이고 트렌디한 29CM의 브랜딩을 담아낸 알림이다"

"29CM는 진짜 이쁘다. 앞서간다"

"푸시 알림의 의인화, 사람이 말을 거는 듯 조금 더 감성적인 접근… 멋져!"

"29CM의 쩌는 마케팅이자 브랜딩"

"29CM는 잘 파는 쇼핑앱을 넘어
유저의 생활 속으로 들어가 문화를 형성하려는 의지가 보인다"

"신선한 충격이다"

"난생처음 앱 푸시를 풀어보았다"

"사용자와 더 긴밀해지는 법을 아는 29CM"

"와, 역시 29CM… 쇼핑앱이 친구가 되려 하고 위로가 되려 한다"

"귀찮은 푸시가 아닌 기분 좋은 푸시"

"29CM의 기획력은 같은 기능을 거부감 없이 사용할 수 있도록 하네…"

▎루시에 대한 소비자 반응

브랜드 경험이란 무엇일까

언젠가부터 '브랜드 경험Brand Experience, BX'이라는 단어가 자주 보이기 시작했습니다. 브랜드나 브랜딩이 아닌, 브랜드 경험이란 도대체 무엇일까요? 문자 그대로의 의미를 살펴보면, 브랜드 경험은 브랜딩의 일부라고 생각합니다. 브랜드를 경험시키는 일은 브랜딩의 첫 단계에서 혹은 고객이 브랜드를 만나는 과정 중의 하나로 존재하기 때문입니다. 하지만 그보다 더 중요한 것은 이런 경험을 통해서 만들어지는 이 브랜드만의 인식이죠.

보통 브랜드 경험이라는 말은 디자인 업계에서 주로 쓰이곤 합니다. 브랜드 아이덴티티의 시각적 통일성과 관련해 브랜드 경험 혹은 브랜드 경험 디자인이라는 표현을 많이들 사용하는데요. 하지만 단지 시각적 통일성만을 해당 브랜드의 '경험'으로 한정 짓기에는 한계가 있습니다. 오히려 브랜드를 온전히 경험할 수 있는 공간은 오프라인 매장이라고 생각하는데요. 침대 시장에서 최근 에이스를 앞질렀던 시몬스가 좋은 사례입니다. 시몬스 그로서리 스토어나 시몬스 하드웨어 스토어에 방문해본 적이 있으신가요? 이곳은 침대 브랜드 시몬스가 진행한 독특한 팝업 스토어로, 각각 식료품점과 철물점 컨셉으로 기획한 창의적인 공간입니다. 이 '침대 없는' 팝업 스토어는 전통적인 제품 판매와 브랜드 홍보 방식을 탈피하여, 소비자들에게 시몬스의 브랜드 가치를 색다르게 전달하고자 기획되었는데요. 시몬스 그로서리 스토어는 식료품점을 모티프로 한 팝업 스토어로, 매트리스와 침구류 대신 식료품점에서 볼 수 있는 다양한 상품들을 진열해놓았습니다. 시몬스 하드웨어 스토어는 전통적인 하드웨어 매장의 분위기를 모티프로 한 팝업 스토어입니다. 철물점에서 볼 수 있는 공구나 장비들을 연상시키지만 실제로는 시몬스의 침대와 수면용품들을 재해석한 제품 그리고 다양한 라이프스타일 아이템들로 구성되었죠.

시몬스는 이것을 통해서 그들만의 색다른 브랜드 경험

시몬스 침대 팝업 스토어 (출처: 시몬스침대)

을 전달합니다. 그로서리 스토어나 하드웨어 스토어는 단지 식료품점과 철물점을 모티프로 구성한 것만이 아닌 전체적인 공간 디자인부터 다양한 굿즈의 진열, 시각적 요소들을 통해 고객에게 이 브랜드가 전달하고자 하는 이미지를 경험하게 했습니다. 그것은 '아메리칸 레트로'라 할 수 있는데요. 매장의 외관부터 시작해서 팝업 스토어 안의 모든 요소가 이와 일치합니다. 즉, 침대라는 제품으로서의 시몬스가 아니라 이런 감성적 요소로 사람들에게 이 브랜드를 경험시키는 것입니다. 식료품점과 철물점이라는 컨셉도 이런 경험의 요소에 시너지를 냈습니다. 자연스럽게 이 공간은 입소문을 타면서 다양한 소셜미디어를 통해 확산되었고, 더 많은 사람이 몰려와 시몬스의 브랜드를 경험하고 돌아갔습니다. 팝업 스토어의 독창적인 컨셉과 감각적인 연출은 젊은 소비자들에게 어필하는 요소로 작용했고, 시몬스를 힙하고 세련된 브랜드로 인식하게 만드는 계기가 되었습니다. 시몬스는 이 팝업 스토어의 성공에 힘입어 같은 톤앤매너의 브랜딩을 계속 해오고 있습니다.

또 하나의 예시는 좀 오래된 사례이긴 하지만, 과거의 애버크롬비 & 피치 매장입니다. 젠틀몬스터와 같이 애버크

롬비 & 피치 역시 그 브랜드가 추구하는 느낌을 여러 요소에서 솔직하게 잘 보여주었습니다. 어둑어둑한 조도의 실내, 약간 우디하고 시원한 향이 맴도는 공간, 나무를 많이 사용하는 클래식한 분위기의 인테리어. 해변에서 들으면 좋을 것 같은 노래들과 섹시한 이미지의 모델들. 딱 이 브랜드가 어떤 느낌을 추구하는지 바로 알 수 있었죠. 비록 백인우월주의라는 오명을 써서 워너비 브랜드에서 비호감 브랜드가 되었지만, 그들의 브랜드 이미지를 매장에서 정말 잘 보여준 것만은 부정할 수 없는 사실입니다. 최근에는 그 부정적인 이미지를 벗어버리고 다시 성장하고 있다고 합니다.

지금은 많은 브랜드들이 온라인 위주로 커뮤니케이션을 하는 시대이긴 하지만, 오히려 브랜드를 경험시키고 브랜드 이미지를 전달하는 가장 효과적인 방법은 오프라인에서 가능한 걸지도 모르겠습니다. 브랜드가 추구하는 방향이나 톤앤매너를 오감을 통해서 온전히 체험할 수 있으니 말이죠. 그리고 시몬스는 이를 매우 잘 구현해낸 브랜드 중 하나입니다. 요즘 성수에 팝업 스토어가 유행하는 것도 이와 크게 다르지 않다고 생각합니다. (하지만 여기서 생각해봐야 할 지점이 있습니다. 우리의 팝업 스토어를 경험한 사람들에게 어떤 인상과 기억을 남길 것인가 하는 점입니다. 이 설계가 훨씬 더 중요합니다. 그래서 무분별한 팝업 스토어의 유행이 브랜딩을 하는 사람으로서 아쉬움 또한 많은 것이 사실입니다.)

결론적으로 브랜드 경험이란 브랜드가 전달하고자 하는 고유의 색깔이나 감성 혹은 지향점을 고객에게 어떠한 '매개체medium'를 통해 오감으로 전달하는 일입니다. 그리고 앞에서도 말했지만, 그것을 가장 효과적으로 보여줄 수 있는 곳이 바로 오프라인 매장입니다. 보고, 듣고, 만지고, 심지어 냄새까지 맡을 수 있는 곳이 오프라인이니 말입니다. 제가 생각하는 브랜드 경험이란 바로 이런 것입니다.

의외의 모습으로
인상을 남기기

평소 알고 지내던 사람에게서 의외의 모습을 발견하면 오히려 그것이 오래 기억에 남곤 하죠? 깍쟁이 같아 보이던 사람이 남몰래 꾸준히 좋은 곳에 기부하고 있음을 알게 된 다음부터는 그가 달라 보이는 것처럼, 아예 그 사람에 대한 이미지가 바뀌기도 합니다. 이런 의외성의 효과는 브랜드에도 적용됩니다.

저는 중고거래 플랫폼 '번개장터'에서 그런 모습을 발견했는데요. 중고거래 플랫폼의 이미지는 그리 세련되거나 멋지지 않죠. 아무래도 중고 제품이란 것이 신제품에 비해서 상대적으로 양지의 이미지가 없어서일까요? 그래서 이런 이미지가 번개장터에도 고스란히 반영되어 있던 것은 사실입니다. 이런 번개장터가 어느 날 BGZT라는 매장을 열었습니다. BGZT는 중고라는 이미지와 전혀 상반된 매장이었습니다. 한정판 스니커즈, 스트리트 브랜드 의류, 액세서리 등을 판매하며 젊은 층 사이에서 번개장터의 인지도를 높였죠. 이를 통해 번개장터는 단순히 중고 거래를 넘어 패션, 스트리트 문화 그리고 젊은 소비자들의 라이프스타일을 반영하는 브랜드로서 새로운 면모를 강조했습니다. BGZT 매장을 가면 힙한 한정판 스니커즈들이 즐비하고, 공간 자체도 상당히 세련되고 멋집니다. 이런 의외성을 통해 기존과는 정반대의 모습을 보여주자, 제 기억 속에 있던 번개장터 이미지가 꽤 다르게 느껴졌습니다. 이런 과감한 행보가 굉장히 멋져 보이기도 했고요. 기존과 비교했을 때 극명한 톤앤무드의 대비가 오히려 이 브랜드가 가진 이미지의 스펙트럼을 넓히는 계기가 되었다고 할까요?

토스에서 낸 《유난한 도전》이란 책을 아시나요? 토스에서 그들의 성장 스토리를 책으로 발간했는데요. 이 역시도 굉장히 의외의 모습이었습니다. 보통 금융회사 혹은 핀테크 회사라면 어떤 책을 만들까요? 아마도 금융정보를 모

❙ 토스의 치열한 고민과 성장 스토리를 담은 책《유난한 도전》

아놓은 책이 아닐까요? 그러나 토스는 자신의 브랜드 자서전과 같은 책을 먼저 냈습니다. 그 안에는 토스가 어떤 과정을 거쳐서 지금의 토스가 되었는지, 그들의 치열한 고민과 성장 스토리가 담겨 있었습니다. 단지 성공의 경험이 아닌 실패한 사례도 함께 나와 있었죠. 이 책을 읽고 나니 토스에 대한 찬사의 마음과 애정이 생겼습니다. 이런 감정을 저만 느꼈던 것은 아니었는지 이 책은 한때 베스트셀러가 되기도 했습니다. 많은 스타트업 창업자들에게 영감을 주기도 했고요. 이 역시 의외의 모습을 통해 사람들의 기억 속에 강한 인상을 남긴 또 하나의 사례입니다.

아이웨어 브랜드 젠틀몬스터 또한 의외의 행보를 보인 적이 있는데요. 서울 도산공원 근처에 '젠틀몬스터 하우스 도산'이라는 이름으로 플래그십 스토어를 열면서 지하 매장에 '누데이크'라는 디저트숍을 함께 낸 것입니다. 젠틀몬스터에서 다른 패션 아이템도 아니고 디저트 브랜드를 론칭했다니 정말 의외였습니다. 역시 젠틀몬스터답게 매장은 디저트숍이라기보다 갤러리에 가까운 모습이었고, 판매하는 디저트 또한 흡사 예술작품 같았습니다. 누데이크는 제게

젠틀몬스터의 또 다른 예술성을 보여준 디저트숍, 누데이크
(위) 누데이크 하우스 도산, (아래) 누데이크 성수 (출처: 누데이크)

뚜렷한 인상을 남기며 젠틀몬스터가 갖고 있던 고급스러우면서도 실험에 가까운 예술적 이미지를 배가시키는 계기가 되었죠. 어떤 사업을 하든지 간에 그 안에 녹아 있는 그들의 예술적 감각이 부러울 뿐입니다.

　29CM에서도 커머스 기업으로서는 의외의 시도를 했습니다. 2018년 가을, 29CM는 〈구례 베이커리〉라는 영화 한 편을 제작하고 온라인으로 상영했습니다. 물론 오프라인상에서 시사회도 열고 감독과의 토크 행사도 진행했죠. '2937 필름 프로젝트'라는 이름으로 진행된 이 기획은 29CM가 제작비를 지원하고 '37th Degree'라는 영상제작사가 제작에 참여한 단편 영화 프로젝트였는데요. 여러 감독들을 대상으로 시나리오 공모를 받았고, 그중 가장 좋은 시나리오를 선정해 단편 영화로 제작하여 상영한 것입니다. 온라인 쇼핑몰에서 영화 제작을 하다니, 이 역시 의외의 모습을 보여주기 위한 브랜딩 활동 중 하나였습니다. 영화라는 매개체는 29CM에서 판매하는 다양한 브랜드를 가장 자연스럽게 보여줄 수 있는 방식이자, 29CM의 강점인 스토리텔링을 함께 어필할 수 있는 좋은 도구였기 때문이죠. 브랜

2937 FILM PROJECT

구례 베이커리

커머스 기업으로서는 의외의 시도로,
단편 영화 〈구례 베이커리〉를 제작했다.

공식 홈페이지

드의 미션인 "Guide to Better Choice"를 잘 표현할 수 있는 또 다른 방식이기도 했고요. 그 의외성 덕분에 주목받으며 시사회에도 많은 사람이 참여했습니다. 그리고 커머스 기업으로는 최초로 서울국제음식영화제에 공식 초청을 받기도 했죠. 29CM의 이런 시도가 팬층을 더욱 단단하게 만든 하나의 계기가 되었으리라 생각합니다.

마지막 경험이 중요한 이유

예전에 온라인으로 한 유명 커피 로스터리의 원두를 구매
한 적이 있었습니다. 언젠가 그 로스터리 브랜드의 매장을
방문했을 때, 날것의 느낌이 나는 인테리어와 공간이 주는
기운, 두 줄로 길게 세워진 핸드드립 커피 도구들 그리고 커
피 한 잔이 안겨준 경험이 매우 특별했기 때문입니다. 며칠
뒤, 주문한 원두가 도착했는데요. 포장지 한쪽에 멋진 문장
이 크게 쓰여 있는 등 원두 패키지에서 느껴지는 인상 또한
평소에 습관적으로 구매했던 커피 브랜드와 달리 강렬했습
니다. 해당 브랜드에 대한 로열티가 패키지를 통해서도 쭉
올라가는 느낌이 들었죠. 그런데 포장을 뜯으면서 그 감정
이 많이 사그라들었습니다. 포장이 손쉽게 뜯기지 않았거든

요. 이렇게 뜯어보고 저렇게도 뜯어보다가 결국 가위를 사용했죠. 애초에 가위로 개봉하라는 표시라도 있었으면 이렇게까지 애쓰진 않았을 텐데 말입니다.

이것과 반대의 경험도 존재합니다. 온라인 편집숍에서 단지 디자인이 예뻐 옷을 구입한 적이 있는데, 이 브랜드에 대한 관심은 그리 높지 않았습니다. 그런데 배송이 오고 나서 그 브랜드에 대한 호감이 상승했죠. 보통 온라인 편집숍에서 옷을 구매하면 그냥 비닐 봉투에 송장을 붙여서 배달오는 게 대부분인데, 이 브랜드는 자체 제작한 깔끔한 박스와 테이프로 포장되어 있었습니다. 박스를 뜯어보니 브랜드에 대한 소개서도 예쁘게 놓여 있었습니다. 이 브랜드가 자신의 브랜딩에 굉장히 신경을 쓰고 있고, 마지막까지 고객들에게 브랜드를 어필하려 노력한다는 것이 그대로 보였죠. 자연스레 이 브랜드에 대한 관심이 확 올라갔습니다. 그 후 이 브랜드의 제품들을 유심히 보게 되었고, 현재는 이곳의 옷을 상당수 보유하고 있습니다. 그 마지막 인상이 저에게는 큰 영향을 미친 것입니다.

'피크엔드 법칙The Peak-End Rule'이란 용어가 있습니다. 조합된 단어를 봐도 알 수 있듯이 특정 대상의 경험을 평가할 때 그 대상에 관한 누적된 경험의 총합보다는, 가장 절정을 이루었을 때의 경험(혹은 기억)과 가장 마지막 경험의 평균값으로 결정된다는 이론인데요. 쉽게 말하자면 우리가 어떤 사람을 평가할 때 그를 처음 만났던 순간부터 지금까지 누적된 모든 기억이 그 사람의 이미지를 만드는 게 아니라, 나에게 (긍정적이든 부정적이든) 가장 인상적이었던 순간의 경험(혹은 기억)과 그 사람과의 마지막 경험이 이미지에 가장 큰 영향을 미친다는 뜻입니다. 이것은 우리가 사용하는 제품이나 브랜드에도 동일하게 적용될 수 있습니다.

'미스터포터MR PORTER'라는 영국의 남성 전문 편집숍이 있습니다. 이 편집숍은 패키징에 굉장히 신경 써서 고객들에게 특별한 언박싱 경험을 선사하기로 유명합니다. 우선 포장 박스에 많은 비용을 들여 고급스럽게 만듭니다. 일반적으로 흰색의 단단한 박스로 구성되며, 블랙 리본이 정성스럽게 매듭지어져 있습니다. 이 심플하면서도 세련된 디자인은 고급스러움을 강조하고, 소비자들에게 고급 브랜드를 구매했다는 만족감을 주죠. 박스 상단에는 미스터포터의 로고가 깔끔하게 인쇄되어 있습니다. 박스를 열면 상품은 고급스럽고 부드러운 티슈페이퍼로 감싸여 있으며, 티슈

페이퍼에도 물론 미스터포터의 로고가 찍혀 있습니다. 이들의 패키징에서 가장 인상적인 경험은 그 안에 손으로 작성한 듯한 감사 메시지와 함께 고객의 이름이 적힌 카드가 동봉된다는 것입니다. 이러한 개인화된 요소는 고객에게 특별한 감동을 주며, 브랜드에 대한 호감을 높이는 데 큰 영향을 미칩니다. 또한 교환 및 반품 절차가 적힌 안내서가 포함되어 있어, 구매 후에도 편리하게 이용할 수 있도록 배려하죠. 이 역시 고객의 마지막 경험에서 브랜드에 대한 인상을 극대화하여 좋은 기억을 남길 수 있게 하는 것입니다.

다시 제가 경험한 원두 이야기로 돌아가보겠습니다. 아마도 이 브랜드는 패키지의 메시지와 디자인에 굉장히 공을 들였을 것입니다. 이 역시도 중요한 브랜딩의 요소 중 하나죠. 하지만 문제는 제 경우처럼 고객의 경험이 거기에서 끝나지 않는다는 점입니다. 제가 이전까지 이 브랜드에 느꼈던 '감정Peak'이 100점이라고 치면, 패키지를 뜯는 마지막 '경험End'에서는 40점 이상을 주지 못할 것 같았습니다. 결국 이 브랜드와 관련해 쌓인 멋진 감정은 마지막 경험에 의해 순식간에 100점에서 70점으로 내려갈 수밖에 없었습니다. 반면, 한 의류 브랜드에서는 오히려 반대의 경험을 했죠. 처음의 기대치는 낮았지만, 마지막에 좋은 경험을 하면서 이 브랜드에 대한 관심이 높아진 경우입니다.

학계에선 피크엔드 법칙에 관해 의견이 분분합니다. 하지만 그건 그리 중요하지 않습니다. 기억해야 할 것은 브랜드의 마지막 경험이 의외로 굉장히 큰 역할을 한다는 사실입니다. 보통 우리는 시작할 때와 달리 마지막에 가서는 점점 신경을 덜 쓰며 일을 진행하는 경향이 있지만, 마지막 경험이 이전에 잘 만들어놓았던 이미지에 (좋은 쪽으로든 나쁜 쪽으로든) 생각보다 큰 영향을 미칠 수 있습니다. 애플이 제품의 디자인뿐 아니라 제품을 포장 박스에서 꺼내는 과정까지 신경 쓰며 섬세한 끝단을 경험할 수 있도록 심혈을 기울이는 이유도 이 때문일 것입니다.

내가 몸담고 있는 브랜드는 고객의 마지막 경험에 얼마나 신경 쓰고 있는지 곰곰이 생각해볼 필요가 있습니다. 문제는 고객이 언제 우리를 마지막으로 경험할지 모른다는 데 있죠. 그러니 브랜딩 담당자라면 고객이 우리를 어떤 여정에서 만나는지 세심히 관찰하고, 고객의 다양한 마지막 경험에 어떤 긍정적 경험을 줄 수 있을지 혹은 어떤 부정적 경험을 주고 있는지를 살펴봐야 합니다.

고객과 어떤 관계를 맺을까

고객과의 소통 또한 브랜딩 과정에서 중요한 요소로 작용합니다. 해당 브랜드가 나와 직접적으로 연결되어 있다는 유대감을 갖게 할 수 있기 때문이죠. 소통이 활발해지면 브랜드 제품을 사용하는 고객들 사이에 커뮤니티가 형성되기도 하는데, 해당 브랜드에 대한 유대감과 소속감이 강해져 관계가 더욱 단단해집니다. 그리고 바로 그 고객들이 브랜드의 앰버서더 역할을 하죠. 주변에 자발적으로 그 브랜드를 알리고, 또 사람들에게 그것을 경험하도록 권유합니다. 자연스럽게 팬덤이 형성되는 것입니다.

스타일쉐어가 좋은 사례입니다. 스타일쉐어는 앞서 얘기한 것처럼 유저 커뮤니티가 브랜드의 특징이자 강점이었습니다. 많은 유저가 자신의 스타일을 스타일쉐어에 올리고, 또 그 포스트에 다른 유저들이 댓글을 달면서 그들 간에 원활한 소통이 이루어졌는데요. 그들을 칭하는 '스쉐러'라는 명칭이 생겨났고, 스타일쉐어 역시 적극적으로 그 명칭을 사용하며 고객들과 소통을 이어갔습니다. 회사는 스쉐러의 목소리를 들으려 했고, 또 그들이 원하는 것을 제공하려 노력했죠. 그 과정에서 스쉐러와 스타일쉐어의 관계는 자연스레 공고해졌고, 커뮤니티는 더욱 단단해졌습니다.

2018년까지 스타일쉐어에서 진행했던 '마켓페스트'는 스쉐러들끼리 옷장 속 안 입는 옷들을 저렴한 가격에 거래하는 모습을 보고 스타일쉐어가 아예 공식적인 장을 만들어준 케이스입니다. 스타일쉐어의 플리마켓으로 시작된 이 행사는 해가 갈수록 스쉐러들의 참여도가 높아져 아예 마켓페스트라는 연례행사로 자리 잡았는데요. 스타일쉐어에서는 스쉐러들이 만나고 싶어 하는 인플루언서들도 대거 초청하여 자리를 마련해주었습니다. 마지막 마켓페스트의 규모는 엄청났는데 동대문 DDP에서 2개의 관을 차지할 정도로 확장되었고, 입장을 위해 긴 줄이 세워지기도 했죠. 마켓페스트는 고객과 브랜드와의 관계가 어떤 식으로 확장될 수 있는지 그리고 그로 인해 얼마나 큰 팬덤이 형성될 수 있는지를 잘 보여주는 사례입니다. 스타일쉐어는 이렇게 고객들과의 소통으로 관계를 잘 다져둔 덕분인지, 2017년 커뮤니티에 커머스 서비스를 도입한 후 단기간에 성공적으로 안착시켰습니다.

스타일쉐어에서 매년 '스쉐러'들을 위해 진행한
거대한 플리마켓, 마켓페스트 현장

블로그와 같은 온라인 소통 플랫폼을 이용해 고객과의 소통을 활발히 하는 것도 또 다른 방법입니다. 일반적으로 기업에서는 블로그를 네이버 검색 결과에 잡히기 위한 마케팅 목적으로 운영하는 경우가 많은데, 29CM는 이것을 다르게 활용해보기로 했습니다. 고객과의 소통 창구 역할에 집중하기로 한 것이죠. 블로그명을 'Ask 29CM'로 바꾸고 메일 계정을 하나 만들어, 고객들이 29CM에 대해 궁금한 점들을 메일로 보내면 그 답변을 블로그에 꾸준히 올렸습니다. 29CM 직원들은 어떤 제품을 구매하는지와 같은 사소한 것부터 MD나 마케터는 어떤 일을 하는지 등 채용과 관련된 것까지 질문 내용도 다양했는데요. 약 9개월 동안 32개의 질문에 답했는데, 약 10만 명이 블로그를 방문했고 20만 건 이상의 조회수를 기록했습니다. 광고나 검색 마케팅으로 달성한 숫자가 아닌 순수하게 자연 발생한 방문 수라 더욱 의미가 있었죠.

"29CM 직원들은 어떤 곳에서 일하나요?" "29CM에는 지각이 없다는데 진짠가요?"(당시 29CM는 유연근무제를 적용하고 있었는데, 그때만 해도 상용화되지 않았던 제도라 그 이야기가 와전되어 나온 질문인 듯합니다.) "29CM는 모든 사진을 직접 찍나요?" 등 여러 가지 질문들을 해주셨습니다. 그중 가장 흥미로웠던 질문은 "29CM 직원들은 어떤 책을 읽는지 궁금해요"였습니다. 블로그에 질문과 그 답변을 매주 하나씩 공개했는데, 이는 29CM라는 브랜드의 이모저모를 알릴 수 있는 좋은 기회가 되었고, 덕분에 유저들과의 관계도 더욱 친밀해졌죠. 29CM의 팬이라면 직원들이 무슨 책을 읽는지까지도 알게 되었으니, 그 팬심은 더욱 깊어졌을 것입니다.

성별, 연령이 아닌
라이프스타일로 고객을 분류하다

마케팅에서 타깃 고객을 설정하는 기준은 주로 인구통계학
적 데이터에 근거하여 분류하는 것이 일반적입니다. 상품을
론칭하거나 광고 카피를 작성할 때, 심지어 작은 경품 하나
를 준비할 때도 우선 타기팅이 필수이기 때문입니다. 마케
팅 대상의 연령대는 어떻게 되는지, 어떤 성별, 어느 지역에
살며 교육과 소득 수준은 어느 정도인지 등등 말이죠.

그런데 과연 이러한 분류 방식이 얼마나 효과적이고
적합한 기준이 될 수 있을까요? 의류 브랜드 '코스COS' 매장
을 떠올려 봅시다. 앞서 얘기한 인구통계학적 기준대로라면
우선 도시에 거주하는 30대 직장 여성을 타깃으로 삼을 테
고, 적정하다고 생각하는 소득 수준도 설정할 수 있겠죠. 그

렇다면 실제로 그 매장을 이런 특정 성별과 연령, 소득 수준의 사람들만 방문하고 구매할까요? 전혀 그렇지 않습니다. 젊은 남녀는 물론이고 저와 같은 중년 아저씨들도 기웃기웃 옷을 구경하고, 나이가 지긋한 여성분 역시 매장에서 자녀와 함께 쇼핑하는 모습을 종종 목격할 수 있습니다.

코스는 미니멀한 디자인을 추구합니다. 옷에 특별한 장식이 없고 심플함이 특징이죠. 이런 스타일을 좋아하는 사람들이 코스 매장에 방문하기 때문에 자연스럽게 젊은 여성과 그 어머니가 함께 쇼핑할 수 있는 것입니다. 즉, 코스의 매장을 방문하는 사람들을 정확히 타기팅하려면 성별과 연령, 지역과 소득 수준 같은 인구통계학적 구분이 아닌 취향과 라이프스타일을 기준으로 분류해야 하는 것이 맞을지 모릅니다.

29CM에서도 고객 분류를 인구통계학적으로 구분했지만, 그런 사람들만 29CM를 이용하지 않는다는 사실을 알게 되었습니다. 40대인 저도 아직까지 29CM에서 쇼핑을 하니 말이죠. 그래서 성별, 연령과 같은 접근법에서 벗어나 고객을 9가지 취향으로 분류하고, 그들이 각각 추구하는 라이프스타일로 확장시켜 보았습니다.

쇼잉 오퍼

자기주장이 강하고 넘치는 자신감으로 늘 주목받길 원하는 그룹입니다. 패션은 자신의 매력을 드러내고 남들과 나를 구분 짓게 해주는 최고의 수단입니다. 그래서 최신 패션 트렌드와 신제품, 한정 상품 등에 높은 관심을 보이고 강렬한 컬러와 디자인을 좋아합니다. 또한 사교적이며 활동적인 성격을 가지고 있고, 요즘 뜨는 곳에 방문하기를 즐기는 핫플레이스 마니아이기도 합니다.

미니멀리스트

깔끔함을 추구하는 빈틈없는 완벽주의자인 이들은 외모와 스타일 그리고 내가 살고 있는 공간도 심플함을 유지하는 것을 늘 중요시합니다. 그래서 장식 없이 간결한 디자인을 선호하고, 특히 블랙 & 화이트 계열의 색상을 선호합니다. 미니멀리스트는 늘 주변을 정리 정돈하고 깔끔함을 유지하는데, 이는 건강한 환경보단 시각적 만족 때문입니다. 화장실에 놓는 칫솔꽂이와 주방의 고무장갑까지도 자신의 미적 취향에 맞춰 꼼꼼히 고르기도 합니다.

슬로우 라이프 시커

이들은 빠르게 변하는 트렌드나 정보를 따라가기보단 느린 삶을 지향하고 건강하게 잘 먹고 잘 쉬는 것을 중요하게 생각합니다. 그래서 패션에 있어서도 디자인보다는 소재와 편안함에 더 신경 쓰고, 친환경 식자재 등을 즐겨 찾아 직접 요리하는 것에도 관심이 많습니다. 또한 남들에게 방해받지 않는 조용한 곳에서 혼자 차 한잔 마시면서 책을 읽는 등 편안한 휴식을 좋아합니다.

브랜드 열정가

성취 중심의 삶을 지향하는 이들은 새로운 브랜드에 대한 갈증과 호기심이 강하고, 자신이 이용하는 브랜드가 자신의 아이덴티티를 표현한다고 생각하는 그룹입니다. 패션뿐 아니라 식생활에서도 특별히 신뢰하는 브랜드가 있기도 하고, 다른 이들은 신경 쓰지 않을 작은 아이템까지도 브랜드를 하나하나 따져보고 선택하는 경향이 있습니다. 그래서 자신이 좋아하는 특정 브랜드 제품을 수집하는 열정을 보이기도 합니다.

깔끔함과 완벽함을
추구하는,

미니멀리스트

사람들 속에서
행복을 발견하는,

소셜 옵티미스트

내가 선택한 브랜드가
곧 나,

브랜드 열정가

29CM 타기팅 시, 9가지 유형의
라이프스타일 그룹으로 분류해보았다.

특별한 가치와
과정을 중시하는,

밸류 쇼퍼

새로운 아이템에
호기심이 많은,

**라이프스타일
얼리버드**

신중하게
미래를 대비하는,

로열리스트

유쾌한
문화생활 마니아,

컬처 팔로워

넘치는 자신감으로
주목받는,

쇼잉 오퍼

여유로운 삶을
즐기는,

슬로우 라이프 시커

그 밖에도 물건을 구매하는 가치를 추구하는 밸류 쇼퍼, 남들보다 먼저 제품을 써보길 원하는 라이프스타일 얼리버드, 요즘 유행이다 싶은 아이템을 따라서 구매하려는 컬처 팔로워 등으로 고객을 분류했습니다.

29CM의 타기팅을 이렇게 라이프스타일 유형으로 구분한 것은 고객의 취향에 더 세부적으로 접근하고 싶었기 때문입니다. 그래서 이를 기준으로 보다 정확하게 회원들의 취향을 파악하도록 에니어그램을 활용해 간단한 진단 테스트를 만들어 고객에게 선보였습니다. 다행히 좋은 반응을 얻어 한 달 동안 약 10만 명 이상이 참여했고, 한 매체에서는 '이달의 마케팅'으로 선정하기도 했습니다.

그렇다면 이런 취향의 분류가 좋은 이유는 무엇일까요? 연령이나 성별에서 벗어나 취향을 기준으로 타기팅을 시도하면, 좀 더 다양한 방식으로 제품을 소개할 수 있습니다. 예를 들어 미니멀리스트에게는 화이트 셔츠에 블랙 팬츠를 매칭해 깔끔하고 미니멀한 스타일을 추천할 수 있고, 쇼잉 오퍼에게는 최신 론칭 제품을, 브랜드 열정가에게는 브랜드의 스토리를 중심으로 메시지를 전달하면 효과적일 것입니다.

　유저들에게 연관 상품을 제안할 때도 기존과는 다른 방식으로 접근할 수 있습니다. 예를 들어 오가닉 코튼으로 제작된 흰 티셔츠를 클릭한 유저에게는 어떤 연관 상품을 제안하면 좋을까요? 취향을 기준으로 분류하면 추천 제품이 꼭 의류일 필요는 없겠죠. 유저의 스타일이 미니멀리스트에 가깝다면 검정 재킷이나 바지를 제안하는 편이 효과적이겠지만, 슬로우 라이프 시커에게는 의류 외에도 친환경 소재의 다른 제품을 제안하는 게 더 맞을 수도 있습니다.

　이제 막 고객의 타기팅을 시작해 메시지 전달 혹은 상품 추천의 방식을 고민하고 있다면, 인구통계학적 구분에만 너무 갇혀 있지 말고 이 같은 방식을 한번 적용해보면 어떨까요? 저와 여러분이 다르듯 사람마다 취향과 라이프스타일은 모두 다릅니다. 그런데 단지 연령대와 성별이 같다고 해서 같은 제품을 동일한 메시지로 추천하는 것이 모두와 공감대를 형성할 수 있는 방법인지는 한번 생각해볼 필요가 있습니다.

PB에도 브랜드다움을
담을 수 없을까

요즘은 웬만한 커머스 기업에서도 자사 제품Private Brand, PB
을 많이 출시합니다. 하지만 그 제품에 '브랜드다움'을 담
는 일이 쉽지만은 않습니다. 대부분 '브랜드다움'에 대한 정
의를 완벽히 내리지 못했기 때문입니다. 단지 디자인 컬러
와 브랜드의 톤앤매너를 맞추는 것만이 전부가 아닙니다.
프로모션이나 특별 이벤트 성격으로 한시적인 제품을 만들
어 판매(혹은 증정)하는 게 아닌 브랜드의 하나로서 상시 판
매가 목적이라면, 특히 브랜드의 이름을 내세우며 판매하는
제품이라면 그 안에 브랜드다움이 어떤 식으로든 담겨 있
어야 합니다. 이런 제품의 출시가 곧 브랜딩의 확장으로 이
어지고, 또 그래야만 경쟁이 치열한 시장에서 차별화할 수

있기 때문입니다.

　제가 스타일쉐어에 합류할 당시 그곳에서도 PB 제품 출시를 준비하고 있었습니다. 패션 중심의 온라인 커머스 기업에서 PB 제품을 출시하는 이유는 솔직히 단 하나입니다. 이미 입점해 있는 다양한 브랜드의 상품보다 기업의 마진율을 높일 수 있기 때문이죠. 하지만 그것이 다른 곳과는 차별화된 상품이 아니라면 오히려 소비자에게 외면받고 손해가 더 커질 수도 있습니다. 스타일쉐어는 첫 PB로 디자인이 큰 부분을 차지하지 않는 베이식 라인 제품들을 준비하고 있었는데, 그래서 차별점을 찾아내기가 오히려 더 어려웠습니다. 브랜드명도 큰 특색 없는 'abc'라는 이름을 달고 출시될 예정이었죠.

　베이식 라인 제품이기에 디자인으로 승부를 볼 수도 없었습니다. 그래서 디자인이 아닌 다른 차별점으로 고객에게 어필해야 했고, 스타일쉐어라는 브랜드의 아이덴티티, 즉 '브랜드다움'을 제품에 최대한 잘 녹여내는 것이 핵심이었습니다. 이것이 '어스US by StyleShare'라는 브랜드가 만들어진 계기입니다. 무엇보다 스타일쉐어의 브랜드다움을 정의하는 것이 우선이었는데, 앞서 정리한 스타일쉐어의 아이덴

티티(미션과 핵심 경험)를 바탕으로 다음처럼 차별화하고자
했습니다.

| '우리'만의 유대감과 소속감을 느낄 수 있고

우선 스타일쉐어가 지닌 강한 커뮤니티성을 이 브랜
드에 담고자 했습니다. 그래서 PB 제품을 출시하기 전, 반
드시 유저들과 사전에 소통하는 것을 원칙으로 삼았죠. 우
리는 스타일쉐어 앱을 통해 설문을 진행했고, 1000명이 넘
는 유저들의 답변을 참고하여 아이템을 선정하고 핏과 색
상 등을 결정했습니다. 일부 유저들과는 직접 만나 품평회
를 진행하면서 출시를 앞둔 상품에 대한 상세한 의견을 듣
고 이를 반영하고자 했습니다. 스타일쉐어가 철저히 커뮤니
티 형태로 성장해온 독특한 기업임을 강조하기 위해 브랜
드의 이름도 '우리'를 뜻하는 단어인 'US'로 정했습니다. 우
리에 의한, 우리를 위한 브랜드의 탄생을 자사몰을 통해 유
저들에게 알린 것입니다.

'모두'의 개성과 다양성이 존중받는

스타일쉐어에서는 사용자 모두의 개성과 다양성이 존중받는다는 핵심 경험을 제품 모델을 선정하는 기준에 반영했습니다. 그래서 전문 패션모델만을 룩북에 등장시키지 않고, 우리 주변에서 쉽게 마주칠 수 있는 다양한 체형과 외모, 나이, 피부색의 모델을 내세우기로 했죠. 가능하면 유저 중에서 모델을 선발하여 어스가 갖고 있는 정체성을 알리도록 했습니다. 그리고 다양한 모델들이 다 함께 모여 웃는 모습을 메인 비주얼 컨셉으로 사용해 '다양성'이라는 스타일쉐어의 브랜드 아이덴티티와 자연스럽게 연결되도록 비주얼 커뮤니케이션 전략을 세웠습니다.

'나'의 스타일에 영감을 주고

그렇다면 다양한 스타일 공유를 통해 스타일링에 도움을 주고받을 수 있는 스타일쉐어의 핵심 경험은 어떻게 PB 브랜드에 적용할 수 있을까요? 어스는 베이식 라인 브랜드입니다. 즉, 어떤 옷들과 매칭하는지에 따라 다양한 스타일링이 가능하죠. 그래서 하나의 아이템으로 다양한 스타일링 방법을 보여줘 이러한 메시지를 전달하고, 소비자들에게 스타일링에 대한 영감을 주려고 했습니다.

스타일쉐어만의 브랜드 아이덴티티를 그대로 제품에 담은 어스는 이런 명확한 정체성을 띠고 세상에 나오게 되었습니다. 처음 긴팔 티셔츠로 시작한 제품의 라인업은 론칭 후 1년이 넘는 기간 동안 터틀넥, 반팔 티, 청바지, 스웨트셔츠, 후디를 거쳐 카디건과 코트까지 확장했습니다. 이렇게 브랜드의 정체성을 담은 어스는 그 과정에서 의미 있는 결과들을 많이 만들었는데요. 먼저 유저들의 참여로 이루어진 이 브랜드의 독특한 생산 방식은 자연스럽게 스타일쉐어 유저들의 관심을 받는 데 성공했고, 제품의 구매와 함께 자발적 홍보를 만들어냈습니다. 그리고 유저들이 홍보하는 채널이 스타일쉐어 서비스인 만큼 다른 유저들에게도 자연스럽게 노출되어 판매가 더 올라가는 선순환이 이루어졌죠. 그런 과정에서 특정 아이템은 수많은 리오더를 기록하기도 했습니다. 반품률 또한 매우 낮았는데요. 아무래도 유저들의 의견을 반영해서 만들다 보니 평균적인 인터넷 쇼핑몰 반품률인 10~20%를 훨씬 밑도는 0.9%라는 반품률을 기록했습니다. 낮은 반품률은 자연스럽게 반품에서 발생하는 불필요한 비용과 리소스의 낭비를 제거했습니다. 당시 어스는 1회 무료 교환 정책을 가지고 있었음에도 이 교환권 사용률 또한 매우 낮았습니다. 그만큼 고객들이 제품을 받았을 때 만족한다는 의미겠죠. 이러한 차별성 때문인지 어스는 론칭 후 많은 언론의 주목을 받았습니다. 다양성을 테마로 어스를 소개한 기사부터 능동적 고객 참여와 미닝아웃(Meaningout, 자기 가치관과 신념을 드러내는 소비 행태)과 같은 테마의 기사로도 소개되었고, 한 매체에서는 어스의 브랜드 스토리를 다루기도 했습니다. 이는 어스와 스타일쉐어의 브랜드 인지도를 자연스럽게 높여주는 보조수단의 역할을 톡톡히 했죠. 이렇게 반응이 좋다 보니 판매 채널을 29CM로까지 확대하게 되었고, 단지 온라인 쇼핑 플랫폼의 PB 제품이 아닌 하나의 브랜드로서 입지를 굳힐 수 있었습니다. 이런 어스의 사례가 PB를 준비하는 다양한 브랜드에서 참고할 수 있는 좋은 예시가 되길 바랍니다.

스타일쉐어의 브랜드다움을 잘 녹여냈던
PB 상품 브랜드 어스

브랜드 캠페인으로
메시지 전달하기

많은 기업에서 '브랜드 캠페인'이라는 명목으로 다양한 프로그램을 진행하는데, 가끔 '캠페인'이라는 단어를 지나치게 남발하는 것은 아닌가 싶을 때가 있습니다. 우선 브랜드 캠페인이 왜 필요한지에 대해서 생각해봅시다. 브랜드를 하나의 인격체에 대입해보면, 사람처럼 브랜드도 외적인 이미지뿐 아니라 생각이나 정신과 같은 부분이 함께 존재합니다. 그것이 곧 브랜드의 정신이자 철학이라 할 수 있는데, 그 브랜드를 따르고 지지하게 하는 중요한 요인으로 작용합니다. 이때 브랜드의 철학을 대중에게 직·간접적으로 전할 수 있는 방법 중 하나가 바로 브랜드 캠페인입니다. 선거운동 시 사용하는 '캠페인'이라는 용어와 같은 의미죠. 캠페인으로 시작해 이제는 브랜드의 공식 슬로건처럼 되어버린 나이키의 "JUST DO IT"이 가장 대표적인 예시일 것입니다.

스타일쉐어의 브랜딩을 담당하는 동안 하나의 브랜드 캠페인을 몇 회에 걸쳐 진행한 적이 있는데요. 단순히 캠페인 메시지를 광고 등을 통해 단방향으로 전달하기보다는 고객들이 직접 공감하고 참여할 수 있는 방식으로 진행하고자 했습니다. 그리기 위해서는 고객에게 전달해야 하는 브랜드 메시지를 정리하는 일이 우선이었는데요. 스타일쉐어의 경우에는 유저, 즉 스쉐러들의 개성과 다양성을 존중한다는 메시지가 바로 그것이었습니다. 성별, 나이, 외모, 체형에 관계없이 당신이 가진 개성 자체를 있는 그대로 존중한다고 말이죠.

이는 자연스럽게 '멋진 스타일'의 기준에 대한 생각으로 확장되었습니다. 멋진 스타일이란 뛰어난 외모와 날씬한 체형이 아닌 있는 그대로의 나를 인정하고 나만의 스타일을 당당히 보여주는 자신감에서 나오며, 스타일쉐어는 바로 그것을 "진짜 멋진 스타일"이라고 생각했습니다. 여기에는 남들과 비교되는 모습이 아닌 당신 자체를 응원하고 지지할 것이라는 메시지도 포함되었습니다.

이것이 스타일쉐어라는 브랜드가 가진 생각과 정신이자 유저들에게 알리고 싶은 핵심 메시지였고, 이렇게 탄생한 스타일쉐어의 첫 브랜드 캠페인이 바로 "#너다움을응원해"라는 이름의 참여형 캠페인이었습니다. 참여 방식은 나만의 스타일을 찍어 스타일쉐어 앱을 통해 공유하면 되는데요. 이후 내부에서 다각도로 심사하여 20명의 유저를 선발, '스타일지원금'이라는 상금과 함께 멋진 화보를 찍어주는 내용이었습니다.

참여 대상은 대한민국의 모든 성인남녀로 하되 선정 기준은 단지 멋진 외모나 스타일이 아닌 다양성, 자신감, 독창성 등의 포인트를 우선으로 잡았습니다. 즉, 외모와 관계없이 얼마나 개성 넘치고 자신감 있는 모습을 보이는지를 중요한 선정 기준으로 삼았고, 당선된 사람들은 다음 캠페인의 모델이 될 수 있는 기회를 제공하여 그들을 통해서도 캠페인의 메시지가 전달되도록 했죠. 이렇게 모인 다양한 스타일은 또 다른 누군가의 스타일에 분명 영감을 줄 것이라 생각했습니다.

"#너다움을응원해" 캠페인은 몇 회에 걸쳐 진행되었는

스타일쉐어는 다양성, 자신감, 독창성 있는 스타일을 꾀하는
브랜드 정신을 담은 캠페인, "#너다움을응원해"를 진행했다.

데, 회를 거듭할수록 참여와 반응이 커져 모두 합쳐 1만 건 이상의 스타일을 모을 수 있었습니다. 일반적인 이벤트 참여율과 비교하면 그리 큰 숫자처럼 보이지 않을 수도 있지만, 이 캠페인에 참여하기 위한 수고를 떠올려보면 이것이 얼마나 의미 있는 숫자인지 실감할 수 있습니다. 일단 앱을 설치해야 하고, 자신만의 스타일을 찾아 입어야 합니다. 또 밖으로 나가 가장 마음에 드는 최종 이미지를 얻기까지 여러 차례 사진을 찍어야 하고, 앱에 등록할 때도 설정된 해시태그와 함께 스타일에 관한 짧은 코멘트를 달아야 했죠. 이 캠페인을 통해 기존의 주요 고객층(10대에서 20대 초반 여성)에서 벗어나 다양한 성별과 연령층의 참여를 이끌어냈다는 것도 굉장히 고무적인 성과였습니다. 다양한 직업, 개성, 신체 조건의 사람들이 이 캠페인에 함께했고, 참여자 중에는 외국인들도 있었죠. 이런 과정에서 스타일쉐어에서 볼 수 있는 다양한 스타일의 스펙트럼이 더욱 넓어지기도 했습니다. 개인적으론 회가 거듭될수록 대한민국 힙스터들은 다 모인 것 같은 기분이 들었습니다.

브랜드 캠페인의 목적은 결국 브랜드의 정신을 전하는 것입니다. 이런 점에서 볼 때 참여율이나 여러 가지 성취도 물론 중요했지만, 무엇보다 "#너다움을응원해" 캠페인을 통해 브랜드의 메시지를 성공적으로 전달했는지가 더 중요했습니다. 그래서 캠페인에 참여한 사람들과 간단한 인터뷰를 진행했는데요. 참여한 계기나 의미, 참여 후의 감상에서 캠페인의 결과가 성공적이었음을 충분히 확인할 수 있었습니다.

"'#너다움을응원해'라는 타이틀이 너무 마음에 들었어요. 제가 어떻게 입든 저 자체를 그대로 인정받을 수 있는 캠페인이라고 생각했어요. 쉽게 지나칠 수 없더라고요."

"세상에 플러스 사이즈를 알릴 수 있는 '기회'라고 생각했습니다. 아직은 사회에서 약간의 소외를 받고 있는 사이즈이지만, 그럼에도 불구하고 자유로운 스타일링이 가능하단 걸 보여주고 싶었습니다. 배가 좀 나와도, 다리가 좀 두꺼워도, 엉덩이가 좀 크더라도 그 나름대로의 내 모습을 보여줄 수 있는 기회였습니다."

"주위 사람들에게 널리 알려지는 덕분에 많은 칭찬을 받았습니다. 처음에는 너무 부끄러웠는데 칭찬을 들으면 들을수록 자신감도 생기고, 더 많은 일에 도전해보고 싶다는 생각도 들었습니다. 최근 힘든 일들이 많았는데 캠페인을 통해 '나도 열정을 갖고 살면 뭐든지 할 수 있구나'라고 느끼게 되었습니다."

스타일쉐어의 "#너다움을응원해" 캠페인은 감사하게도 많은 유저들과 언론의 관심을 받았고, IT 매거진 〈디지털인사이트〉에서 '이달의 베스트 캠페인'으로 선정되는 영광도 함께 얻었습니다. 젊은 세대의 최신 트렌드를 알려주는 플랫폼인 '캐릿 Careet'에도 아래와 같이 소개되었습니다.

"요즘 친구들은 유명한 사람이 나온 화보라고 해서 무조건 환호하지 않아요. 기획 의도, 컨셉, 모티프까지 꼼꼼하게 살펴보고 평가합니다. 그 까다로운 기준을 통과한 화보만이 각종 커뮤니티에서 ○○ 브랜드 잘했다고 칭찬받는 화제의 화보가 되는 겁니다. 기업 입장에서는 잘 찍은 화보 하나로 브랜드 이미지는 물론, 홍보 효과까지 덤으로 가져갈 수 있는 거죠. (중략) MZ세대는 화보의 비주얼뿐 아니라 그에 담긴 메시지 또한 중요하게 생각합니다. 누구처럼 될 수 있다 등의 메시지는 이제 더 이상 통하지 않죠. 대신 나다움을 강조한 메시지는 칭찬받습니다. 이러한 특징을 잘 파악한 브랜드가 바로 '스타일쉐어'와 '컨버스'입니다."

여러 결과에서 알 수 있듯이 이것은 스타일쉐어가 가

진 정신과 목소리를 소비자들에게 성공적으로 전달한 캠페인이었습니다. 기존 유저들 외에도 다양한 20대 유저들을 모으는 데 일조했으며, 수많은 팬을 확보할 수 있는 좋은 계기가 되었습니다.

우리 브랜드만의 위트와 센스

오래전에 웹서핑을 하다가 눈길을 끄는 이미지를 하나 보았습니다. 옷에 달린 의류 케어라벨을 찍은 이미지였는데, 세탁 온도, 다림질 등 세탁 방식 기호들 아래 다음과 같은 문구가 적혀 있었습니다. "Or give it to your mother. She knows how to do it." 번역하자면 "세탁 방식 기호를 이해하지 못한다면 그냥 엄마에게 보여주세요. 엄마는 아실 거예요" 정도가 됩니다. 전 여기서 무릎을 탁 쳤습니다. 이런 위트와 센스라니 갑자기 이 브랜드가 감각적으로 보이기 시작했죠. 이렇듯 적시적소에 보이는 브랜드만의 위트와 센스는 사람의 감정을 움직일 수 있고, 해당 브랜드의 호감도 또한 높여주는 긍정적 작용을 합니다.

'타다TADA'를 이용했을 때도 비슷한 경험을 한 적이 있습니다. 타다가 막 론칭한 즈음으로 기억합니다. 처음으로 타다를 이용해 집 근처에 도착했는데, 순간 타다 앱에서 푸시 알림이 하나 도착하더라고요. 그 알림에는 이런 메시지가 적혀 있었습니다. "잠시 후 목적지에 도착합니다. 내리실 때 소지품을 잘 챙겨주세요." 저에게는 이것이 타다라는 브랜드만의 위트와 센스로 다가왔습니다. 지금이야 앱으로 콜할 수 있는 모든 택시에서 이런 메시지를 보내지만, 그 당시에는 타다가 처음이었거든요. 그것이 제게 얼마나 인상적으로 다가왔던지 그 화면을 캡처해서 소셜미디어에 공유하기도 했습니다.

'오틀리Oatly'의 사례도 재미있습니다. 오틀리는 우유의 대체제인 귀리 음료를 만드는 스웨덴 브랜드입니다. 사실 오틀리가 처음 나왔을 때는 평범한 귀리 음료와 별반 다를 것이 없었습니다. 패키지는 평범했고 마케팅도 일반적인 식음료의 방식을 따랐죠. 하지만 오틀리는 곧 기존과는 다른 새로운 방식의 브랜딩을 전개했습니다. 바로 우유 시장과 당당하게 맞서는 것이었죠. 그들은 귀리 음료는 우유의 대체제가 아니라 우유보다 더 나은 제품이라는 메시지를 던졌습니다. 이 때문인지 오틀리는 스웨덴 낙농협회로부터 기존의 유제품을 폄하했다는 고소장을 받았고, 사방에서 그들을 비난하는 여론이 들끓었습니다. 여기서부터가 재미있는데요. 오틀리는 'F*ck Oatly'라는 홈페이지를 만들어 오틀리에 대한 부정적인 내용을 대중에게 공개했습니다. 심지어 이 페이지를 좋아하는 사람들, 즉 오틀리에 부정적인 시각을 가진 사람들을 위해서 하단에 이 페이지를 지지하는 버튼도 노출했죠. 그러면서 이런 부정적인 여론도 포용하는 패기 있는 브랜드라는 이미지를 전달하려 했습니다. 또한 이 사이트를 싫어한다면 'F*ck F*ck Oatly' 사이트로 이동시키는 버튼도 추가해두었습니다. 이렇게 자신의 지지자들을 만드는 것이었죠. 굉장히 위트 있고 유러머스합니다. 오틀리는 이런 행동을 통해서 기존의 우유 시장에 존재감을 확실히 드러내고, 다른 귀리 음료와는 차별화된 이미지를 만들어냈습니다. 이런 위트와 센스 그리고 힙(?)한 패기가 이 브랜드의 존재감을 더 높여주었다고 해도 과언이 아닙니다. 현재 오틀리는 포스트 밀크 시대의 유니콘이라 불리며 나스닥에 상장했습니다. 귀리 음료 하나로 나스닥 상장이라니 정말 대단합니다.

세탁 방식에 대한 안내, 도착을 알리는 푸시 알림 등 매뉴얼에 따라 습관적으로 작성할 수 있는 문구에 위트와 센스를 조금만 더해도 그 브랜드는 남달라 보일 수 있습니다. 별것 아닌 메시지지만 이것을 어떻게 활용하고 전달하느냐에 따라 브랜드의 호감을 올리는 요인으로 작용할 수 있습니다. 대부분의 브랜드가 자신들에 대한 부정적인 내용은 감추기 바쁜데, 오틀리는 그들만의 위트와 센스로 이것을 당당히 공개하고 더 나아가 부정적인 시선에 반대하는 사람들을 위한 또 다른 사이트를 만들었죠. 뻔한 것을 뻔하지 않게 만드는 일. 그 안에 위트와 센스를 담아 사람들의 기억에 브랜드를 남게 하는 일. 이것 역시 좋은 브랜딩의 방법입니다.

위트로 눈길을 단번에 사로잡았던 세탁 안내 문구

센스가 돋보였던 타다 앱의 푸시 알림

174

성공적인 브랜딩 결과물은
널리 알리자

저는 기회가 닿는 대로 강연 요청에 적극적으로 응하는 편입니다. 이유는 단 하나입니다. 강연을 통해 제가 담당하는 브랜드를 더 잘 알릴 수 있기 때문입니다. 강연은 우리 브랜드를 몰랐던 사람들에게 우리를 알리는 기회이고, 이미 알고 있었던 사람들에게는 더 잘 알릴 수 있는 기회니까요. 브랜딩 과정에서 진행한 여러 프로젝트를 이야기하다 보면 자연스레 사람들이 우리 브랜드에 관심을 갖게 되고, 강연 내용이 만족스러웠다면 마음속에 더 깊이 남을 것입니다. 강연의 반응이 좋았다면 또 다른 강연 요청으로 이어지고, 그렇게 우리 브랜드를 외부에 알릴 수 있는 기회가 더 늘어납니다. 이것이 제가 한 브랜드의 브랜딩 디렉터로서 강연에 서는 가장 큰 이유입니다.

　이렇듯 브랜딩을 하는 사람이라면 일을 잘하는 것에서 그칠 게 아니라, 잘한 결과를 널리 알리려고 노력해야 합니다. 겸손이 답이 아니에요. 그보다 조금 더 뻔뻔해지고 당당해질 필요가 있습니다. 어떤 취지로 프로젝트를 시작해 어떤 과정을 거쳐 브랜딩을 성공적으로 이끌었는지 매번 잘 정리해두시기 바랍니다. 이때 진행한 프로젝트에 브랜드 아이덴티티가 잘 반영되었는지, 브랜드만의 개성이 잘 표현되었는지, 의도한 대로 고객들이 우리를 바라보는 계기가 되었는지 등을 면밀히 살펴봐야 합니다. 그리고 앞서 얘기한 대로 여기서 그칠 게 아니라 그것을 알리는 일도 굉장히 중요합니다.

　우선 가장 쉬운 방법은 글입니다. 회사 내 홍보팀이 있다면 관련 기사를 발행해도 좋고, 블로그나 브런치 같은 플랫폼에 기록을 남길 수도 있습니다. 회사의 공식 계정이 없다면 개인 소셜미디어 계정에라도 올려보세요. 그것이 또 브랜드의 홍보로 이어집니다. 우선 업계 사람들이 먼저 그 글에 반응하고, 내가 알리고자 했던 것이 그들에게도 의미가 있거나 도움이 되었다면 글은 점차 외부로 퍼져나가게

됩니다. 그러니 브랜드가 점점 다듬어지는 과정과 그 결과를 글로 기록해서 외부에 알리시길 바랍니다. 사실 글 말고도 성공적인 프로젝트 과정을 알릴 수 있는 다양한 방식이 존재합니다. 대표적으로는 유튜브가 있는데요. 요즘에는 유튜브를 통해 인터뷰 형식이나 조금 더 진중하게는 다큐멘터리 방식으로 자사의 브랜드를 브랜딩하는 기업도 늘고 있습니다. '롱블랙 LongBlack'이나 '폴인 fol:in' 같은 다양한 콘텐츠 플랫폼과 함께 공식적으로 이것을 알리는 것도 좋은 방식입니다. 이렇듯 브랜드가 가진 생각과 그 결과물을 여러 방식으로 공유하는 과정도 또 하나의 브랜딩으로 확장될 수 있습니다.

모두를 만족시키는 기획은 없다

두 마리 토끼를 잡는 전략이 과연 가능할까요? 적어도 브랜딩 분야에서는 어렵다고 생각합니다. 일전에 브랜딩 조언을 해줬던 회사가 있었습니다. 그곳은 새로운 연령대의 고객으로 타깃을 전환하는 전략을 고민하고 있었습니다. 기존에 설정한 타깃은 성장성에 한계가 있다고 판단했기 때문이죠. 하지만 문제는 현재의 타깃과 새롭게 설정하고자 하는 타깃의 취향 차이가 무척 크다는 점이었습니다. 새로운 고객층에 맞추어 브랜딩을 진행한다면 기존 고객들이 이탈하는 일은 피할 수 없었죠. 그런데 회사에서는 두 고객층 모두를 만족시키는 전략을 원했습니다. 기존 고객의 이탈도 막고 새로운 고객도 흡수하고 싶어 했습니다. 새로운 목표를 위해 과감히 포기해야 할 것을 주저했기에, 결국 그 회사는 서비스 포지션이 애매해지면서 성장이 예전보다 둔화될 수밖에 없었죠.

브랜딩에서는 타깃을 명확히 하는 점이 무엇보다 중요합니다. 맥주 시장에 뛰어든 칭타오를 생각해봅시다. 칭타오는 광고에서 양꼬치와 자사 맥주를 연결시켰습니다. 사실 소고기, 돼지고기, 닭고기, 피자는 말할 것도 없고 심지어 분식과도 잘 어울리는 술이 저는 맥주라고 생각하는데요. 회사 내부에서는 분명 양꼬치와 칭타오를 연결시키자고 했을 때, 사람들이 우리 브랜드를 다른 고기 혹은 음식과는 연결 지어 생각하지 않으면 어떡하나, 양꼬치 시장은 다른 육류 시장에 비해 너무 작지 않나 하는 의견들이 많이 오갔을 것입니다. 하지만 칭타오는 중국 맥주답게 양꼬치에만 집중했습니다. 모두를 만족시키려 하기보단 뾰족한 하나에 집중하고 나머지를 과감히 포기한 것이죠. 그 결과 양꼬치를 생각하면 칭타오가 자동으로 떠오르는 프레임을 만들어내는 데 성공했습니다. 이렇게 칭타오는 포화 상태의 맥주 시장에서 자기 브랜드를 확실히 어필했고, 이제 사람들은 양꼬치뿐만 아니라 여러 음식을 먹을 때도 이 브랜드의 맥주를 즐기게 되었습니다(2023년 칭타오 공장에서 벌어진 그 충격적인 사건이 있기 전까지는 말이죠).

가장 잘못된 전략은 모두를 만족시키려 하는 것입니다. 이것만큼 두루뭉술하고 차별성 없는 전략도 없습니다. 모두를 만족시키려다가 결국 아무도 만족시키지 못하는 것이죠. 어쩌면 그런 전략은 세상에 존재하지 않을지도 모릅니다. 만들지도 못할 것에 에너지를 낭비하기보단 우리가 획득해야 할 명확한 대상이(그것이 소수라 하더라도) 반응할 수 있는 무언가를 만드는 데 집중하면 좋겠습니다.

'다움'을 정의해야 하는 이유

브랜드가 지키고자 하는 가치와 가려는 방향 그리고 그것을 표현하는 톤앤매너…. 쉽게 말해 우리 브랜드다운 모습을 가장 명확히 알고 있어야 하는 사람은 누굴까요? 회사의 대표님? 브랜딩 디렉터? 마케터와 디자이너? 아닙니다. 회사의 모든 직원이 그것을 명확히 알고 있어야 합니다. 물론 경험상 이것은 이상에 가깝습니다. 전 직원이 회사의 브랜드에 애정과 관심을 갖고 일하길 바랄 수는 없기 때문입니다. 그리고 조직이 성장하고 직원 수가 늘어날수록 기존의 직원과 신규 채용된 직원 사이의 브랜드 인식에 관한 갭은 더 크게 벌어질 수밖에 없습니다.

29CM에서의 경험으로 미뤄봤을 때, 조직 내 구성원들

에게 지속적으로 브랜드의 지향점과 아이덴티티를 공유하고 생각의 갭을 좁혀갈 수 있었던 경우는 직원이 30~40명일 때까지였던 것 같습니다. 직원 수가 그 이상으로 늘어나면 각자 브랜드에 가지고 있는 생각도 다르고, 브랜드다움에 대한 정의나 톤앤매너 모두 서로 달라지기 마련입니다. 실제로 100명 이상 규모의 조직에 소속된 구성원들에게 우리 브랜드다운 모습을 형용사나 동사와 같은 키워드로 적어달라고 설문조사를 진행한 적이 있었습니다. 공통된 단어가 나오기도 했지만 서로 생각이 다름을 확실히 알 수 있었죠. 그런데 이 차이가 점점 커지다 보면 결국 소비자들에게 전달해야 하는 브랜드 이미지도 일관성을 갖추기 어려워지고, 고객들은 같은 브랜드에서 다른 인상을 받게 됩니다. 그러면 이 브랜드가 추구하고자 하는 이미지가 무엇인지 고객들도 혼란스러울 수밖에 없죠.

이처럼 브랜딩의 적은 내부에 있을지도 모릅니다. 조금 과격한 표현이긴 하지만, 안타깝게도 경험상 어느 정도는 맞는 말입니다. 우리만의 브랜드 이미지를 지켜가기 위해 열심히 애쓰는 직원이 있는가 하면, 브랜드 이미지를 제대로 인지하지 못한 직원도 당연히 있을 수밖에 없습니다.

여기서 발생하는 생각의 차이가 결국 고객에게 고스란히 전달되면서 브랜드 이미지에 혼선을 주는 경우가 발생하죠. 일관되게 차분한 톤앤매너를 유지하고 있던 채널에서 어느 날 요즘 유행하는 B급 코드의 이미지와 카피가 보인다거나, 앱 푸시 메시지에 자극적인 유행어가 남발되는 사례 등처럼 말입니다. 어떻게 하면 이런 상황을 막을 수 있을까요? 아니, 어떤 방법으로 최대한 많은 직원에게 브랜드에 관한 일관된 생각을 공유할 수 있을까요? 직원 한 사람, 한 사람을 붙잡고 이야기하는 일이 불가능하다면 방법은 하나밖에 없습니다. 그것을 문서화하여 언제든지 찾아볼 수 있게 하는 것입니다. 이것이 29CM에서 브랜드북《Guide to Better 29CM》를 만들게 된 이유입니다.

브랜드북이 있다면 29CM다운 모습이 무엇인지 문서화된 자료를 통해 명확히 알 수 있고, 의문이 들 때 언제든지 찾아볼 수도 있죠. 또한 브랜드북을 통해 브랜딩이 마케팅의 영역만이 아님을 인지시키고 싶은 마음도 컸습니다. 그들이 만드는 서비스는 물론 앱의 메뉴 버튼 하나, 고객센터에서 고객 응대 시 사용하는 목소리 톤, 회사 내부의 인사 정책까지도 그 기준을 정하는 데 브랜딩이 영향을 미치

29CM에서는 브랜드북을 제작해 브랜드의 철학을
직원들과 공유하고, 언제든지 찾아볼 수 있도록 했다.

고 있음을 보여주고 싶었습니다. 내부에서 각자 맡은 역할은 모두 달라도 외부에서 고객은 결국 하나의 브랜드로 인식하기 때문입니다. 이런 목적 아래, 브랜드북은 크게 네 파트로 구성했습니다.

우리다운 방식

29CM다움은 어떻게 정의해야 할까요? 우리(브랜드)의 생각과 행동에 가이드라인이 되고 모든 결과물에 반영되기 위해선 '우리다운 방식'으로 이를 정의하는 것이 좋은 방향이라 생각했습니다. 그래서 우리가 지금껏 해왔던 다양한 의미 있는 활동들을 통해 29CM다운 방식을 6가지로 정의했고, 29CM가 결과적으로 만들어가고 싶은 것, 즉 고객에게 전달해야 할 것들을 명확히 하고자 했습니다.

우리의 초상

그렇다면 사람들은 29CM를 어떤 모습으로 기억하고 있을까요? 29CM가 사람이라면 어떤 생김새와 어떤 성격을 가지고 있을지, 즐겨 입는 옷은 무엇이고 주말은 어떻게 보내며 어떤 생각을 하며 사는지까지 디테일하게 정의해보았습니다. 이는 29CM다운 모습을 더욱 선명하게 만들어줄 테니까요.

우리만의 목소리(텔링 가이드)

29CM다움을 더 뾰족하게 만들기 위해서는 텔링 가이드가 굉장히 중요하다고 생각했습니다. 다른 커머스 서비스와 비교해 29CM의 가장 큰 차별점은 앞서 언급한 스토리텔링, 즉 브랜드가 전달하는 카피와 글에 있기 때문입니다. 그렇기에 직원들이 글로 전달하는 방식이나 톤앤매너가 일관돼야 소비자가 브랜드를 더욱 명확히, 특별히 기억해줄 수 있다고 생각했죠. 그래서 이 부분에서는 29CM다운 텔링은 무엇이고, 상품의 가치를 전달하기 위해 어떤 것을 우선해야 하는지 그리고 한편으로 피해야 할 점들은 무엇인지 세세히 제시하고 점검할 수 있도록 했습니다.

그들의 취향

29CM를 좋아하는 사람들은 어떤 사람들일까요? 앞서 고객 분류의 기준을 취향으로 볼 필요가 있다고 설명했듯이 그들은 아마도 성별이나 나이가 아닌 취향이 비슷한 사람일 것입니다. 그렇다면 그들은 어떤 취향을 가지고 있을까요? 그들이 좋아하는 것은 무엇이고 어떤 취미생활을 하고 어떤 장소를 즐겨 찾을까요? 이 파트에서는 소비자 조사와 소셜미디어를 중심으로 29CM를 좋아하는 사람들의 라이프스타일을 들여다보고, 그들만의 공통된 키워드를 도출하여 취향을 정리했습니다.

이 브랜드북은 공식적으로 회사 외부에 배포되지 않았지만 주변에 많이 선물하면서 좋은 반응을 얻었고, 한 콘퍼런스에서는 좋은 브랜딩 사례로 소개되기도 했죠. 이승희 마케터는 《기록의 쓸모》라는 책에서 "내부 구성원뿐 아니라 브랜드를 만들어가는 사람들에게도 계속 회자될 책이라 생각한다"라고 브랜드북을 언급하기도 했습니다.

브랜드북이 좋은 반응을 얻은 이유는 여러 피드백을 통해 3가지 정도로 정리할 수 있었습니다. 첫째, 브랜드의 모습을 굉장히 구체적으로 정의하고 있다는 점입니다. 그간 브랜드다움이나 차별점을 몇 마디 문장으로 정의하는 경우는 여럿 보았어도 브랜드를 의인화하여 외모부터 성별, 나이, 스타일, 성격 등으로 정의하고 기록한 경우는 거의 없었습니다.

둘째, 브랜드가 자신만의 언어 가이드를 갖고 있다는 점도 큰 이유일 것입니다. 이는 꼭 브랜딩을 위한 목적이 아니더라도 마케터나 에디터분들에게 좋은 글쓰기의 표본이 될 수 있어 외부의 반응이 더욱 좋았던 듯합니다.

셋째, 고객을 새롭게 정의한 부분도 많은 영감을 주었으리라 생각합니다. 취향을 중심으로 고객을 분류하는 방식이 꽤 신선하게 느껴졌을 테니 말이죠. 이러한 접근 방식은 고객 취향에 관한 9가지 페르소나로 발전하게 되었습니다. (145~153쪽 참조)

이렇듯 브랜드북을 통해 브랜드를 의인화하여 그 모습을 구체적으로 정의하고, 고객과의 커뮤니케이션 방식에도 글쓰기 가이드를 세세히 제시함으로써 교본으로 삼을 수 있게 했습니다. 또한 타깃 고객을 취향으로 접근해 제시한 결과, 조직의 구성원들이 브랜드를 보다 정확히 이해하고 자신이 맡은 일에서 한목소리를 낼 수 있게 되었습니다. 새로 입사한 직원들에게도 훌륭한 교육자료가 되었음은 물론이고요.

인터널 브랜딩에 대한 소회

브랜딩의 방향이 외부가 아닌 기업 내부를 향할 때, 그것을 '인터널 브랜딩Internal Branding'이라고 부릅니다. 인터널 브랜딩의 목적은 크게 2가지로 생각해볼 수 있는데요. 직원들에게 브랜드가 지향하는 방향 즉 우리만의 브랜드다움이 무엇인지를 전파해 모두가 한 방향을 바라볼 수 있게 하는 일과, 직원들 또한 자신이 속한 브랜드의 팬으로 만드는 일이 그것입니다.

첫 번째 목적을 달성하기 위해서는 29CM의 브랜드북처럼 문서화된 가이드와 함께, 미팅 등을 통해 주기적으로 논의하는 자리가 필요합니다. 두 번째 목적의 경우, 저는 이것을 이뤄내는 방법은 하나밖에 없다고 생각하는데요. 혹자는 좋은 복지와 처우 혹은 기업문화로 가능하지 않냐고 말할지도 모릅니다. 하지만 그것과 직원들 스스로 몸담고 있는 브랜드의 팬이 되는 일은 전혀 다른 문제입니다. 그보다는 자신이 속한 브랜드의 외부 인지도가 높아지고 그 인기를 체감할 수 있을 때, 자연스럽게 본인도 브랜드에 대한 자긍심이 높아지면서 팬이 된다고 생각합니다. 주변에서 나를 (내가 속한 브랜드를) 인정해줄 때 생기는 감정은 그 영향력이 클 수밖에 없으니까요. 결국 외부 브랜딩 활동과 인터널 브랜딩은 별개가 아니라 오히려 굉장히 밀접하게 연결되어 있습니다.

브랜드의 가치가
곧 기업 가치

브랜딩의 효과를 단지 숫자만으로 판단할 수는 없습니다. 브랜딩은 장기적인 목표를 세우고 움직이는 일이기 때문입니다. 앞서 몇 번이나 언급했듯 임팩트와 차별성만큼이나 중요한 것이 일관성과 지속성입니다. 무엇이든 한 방향으로 꾸준히 보여줘야 고객들의 기억 속에 해당 브랜드가 조금씩 각인될 수 있습니다. 문제는 당장의 숫자로는 이것을 판단하기 어렵다는 점인데요. 물론 각각의 브랜드 활동에는 그것만의 목표치를 설정해두어야 하지만, 이를 달성했다 하더라도 반드시 성공적인 브랜딩이라 말하기 힘든 이유가 여기에 있습니다.

　　브랜딩을 잘한다는 것은 단기간의 성과보다는 지속적

인 결과들을 만들어낸다는 의미입니다. 그 과정에서는 성공 사례도 있고, 실패 사례도 있겠죠. 하나의 프로젝트에서 실패했다고 더 나아가길 멈춘다면, 사람들의 기억 속에서 그 브랜드는 잊힐 수밖에 없습니다. 크든 작든, 성공하든 실패하든, 꾸준히 활동을 이어가는 일이 중요한 이유입니다.

게다가 사람들의 인지 과정과 인식의 변화는 숫자로 표현되기 어렵습니다. 각각의 브랜딩 프로젝트에 어느 정도 수치를 목표로 두는 일은 좋지만, 그것만으로는 성공 여부를 판단할 수 없습니다. 오히려 숫자에만 치중해 판단하는 일은 위험할 수 있습니다. 그 숫자를 채우기 위해 브랜드의 톤앤매너는 무시한 채 온갖 수를 쓰느라 오히려 브랜딩에 해를 끼치는 경우가 많습니다.

프라이탁은 주로 오프라인 매장을 대상으로 공식 파트너를 맺어왔는데, 국내에서는 최초로 온라인 편집숍인 29CM를 공식 파트너로 선정했습니다. 왜 프라이탁은 많은 커머스 기업 중 29CM를 파트너로 선택했을까요? 29CM보다 규모나 매출이 더 큰 곳이 많았을 텐데 말이죠. 그 이유는 프라이탁이 그들의 브랜드 이미지와 가장 잘 맞는 곳은 국내에서 29CM가 유일하다고 생각했기 때문입니다. 차곡

차곡 29CM만의 차별화된 브랜딩 활동을 해온 결과였죠.

현대카드 또한 2016년, 자사 고객들을 위한 온라인 쇼핑몰이었던 '프리비아 쇼핑' 서비스를 중단하면서 이를 대체할 곳으로 29CM를 선택했습니다. 계약을 진행할 당시 저도 미팅에 참여했던지라 현대카드 담당자에게 그 이유를 물어보았는데요. 자사의 브랜드 이미지와 맞는 곳은 29CM가 유일하다는 답을 들었습니다. 앞서 얘기한 대로 규모 면에서는 29CM보다 더 큰 경쟁력을 갖춘 온라인 쇼핑몰이 많았겠지만, 최종 의사 결정에 영향을 미친 것은 결국 29CM가 가지고 있던 개성 있는 브랜드의 이미지였습니다. 그래서 누군가 브랜딩이 매출에 도움이 되느냐고 묻는다면 저는 확실히 도움이 된다고, 그것도 많이 된다고 답할 수 있습니다. 프라이탁의 입점과 현대카드 프리비아 쇼핑몰의 대체 브랜드로 29CM가 선정되면서 많은 유저를 끌고 왔기 때문입니다.

초창기에는 29CM의 브랜드 인지도가 없다 보니 직원들이 직접 여러 브랜드에 입점을 제안하고 설득해야 했습니다. 그런데 브랜드 인지도가 올라가고 차별화된 이미지를 갖게 된 후에는 역으로 국내외의 이름 있는 브랜드들이 먼저 입점 제안을 해오기 시작했습니다. 프라이탁과 현대카드의 사례처럼 브랜딩이 새로운 비즈니스 기회를 확장시키는 계기가 된 것입니다.

충성 고객의 경우도 마찬가지입니다. 하나의 성공 사례만으로는 단기간에 충성 고객을 결코 확보할 수 없습니다. 지속적으로 우리 브랜드의 차별화된 모습을 다양한 영역에서 노출해야 하죠. 그 과정에서 충성 고객의 마음을 사로잡으면, 그들이 또 소셜미디어나 블로그 등을 통해 자발적으로 우리 브랜드를 소개하며 퍼뜨립니다. 자발적 홍보대사들이 만들어지고 이들을 통해 자연스럽게 브랜드 홍보가 되는 것이죠. 같은 선상에서 다양한 언론과 매거진, 콘텐츠 플랫폼에서도 종종 29CM를 소개했는데, 이 역시 29CM가 많은 사람의 주목을 받는 브랜드였기 때문이었습니다. 저에게 수많은 강연 요청이 왔던 것도 이런 맥락에서였죠.

이렇게 브랜드의 인지도가 높아지고 충성 고객이 늘어날수록, 내부 직원들의 자부심 또한 강해지기 마련입니다. 창립 초기에는 29CM에 다닌다고 하면 "거기가 뭐 하는 곳인데? 이름은 어떻게 읽는 거야?"와 같은 질문을 많이 들었습니다. 그러다가 브랜드 인지도가 높아진 이후에는 "아, 거기 다니는구나. 나 거기 완전 좋아하는데!"라고 주변의 반응이 달라졌습니다. 당연히 브랜드에 대한 소속감이나 프라이드가 강력해질 수밖에 없죠. 그 결과 직원들은 자신이 하는 일에 자부심이 생기고, 이는 자연스레 더 좋은 결과물로 이어지게 됩니다.

직원들이 소속감과 자부심을 느끼는 회사라면, 그곳에 입사를 꿈꾸는 사람들이 늘어나는 건 당연합니다. 29CM라는 브랜드의 인지도가 높아지고 충성 고객이 늘어날수록 채용에도 큰 영향을 미친다는 사실을 몸소 경험했죠. 채용 공고를 내면 초창기와 달리 좋은 인재들이 많이 지원했고, 채용 기간이 아닌 때에도 브랜딩 팀에서 일하고 싶은데 따로 채용 계획이 있는지 묻는 일도 여러 번 있었습니다. 마치 하나의 순환 구조처럼 성공적인 브랜딩으로 조직이 강해지고, 이것이 뛰어난 인력의 확보로 이어지며 결국 좋은 성과를 가져왔고, 또 많은 유명 브랜드가 29CM 입점에 문을 두드렸죠. 이는 다시 더 많은 팬을 형성하고, 높은 매출로 이어졌습니다. 그 결과 기업과 조직이 이전보다 더욱 강해진 것은 물론이고요. 결국 브랜드 가치가 곧 기업 가치인 셈입니다.

멋진 브랜드는
죽어서도 고객의 마음속에 남는다

성공하는 브랜드도 있지만, 하루에도 수많은 브랜드가 쇠퇴기를 보내고 사라지곤 합니다. 서비스가 종료되면 브랜드도 사라지는 게 당연하죠. 하지만 비록 브랜드가 사라졌다 하더라도 고객들의 마음에 오래도록 남아 있을 수는 없을까요? 그것이야말로 브랜드의 훌륭한 '유종의 미'라고 말할 수 있을지도 모릅니다.

저에게는 프랑스의 유명 편집숍 '콜레트Colette'가 그런 브랜드였습니다. 1997년 파리에 처음 문을 연 콜레트는 샤넬의 디자인 수장이었던 칼 라거펠트를 포함해 다양한 셀럽들이 애용하는 개성 있는 편집숍으로 무척 유명했는데요. 이곳은 오프라인 매장뿐 아니라 온라인몰도 함께 운영했는데, 여기에서도 저는 많은 영감을 받았습니다. 콜레트에서 직접 제작한 음악을 온라인몰에서도 들을 수 있도록 한 것이 그중 하나입니다. 또한 아디다스, 나이키를 포함해 당대 인기 있던 여러 브랜드와 콜라보한 제품을 선보이기도 했습니다.

그러던 콜레트가 2017년, 창업자의 은퇴로 갑작스럽게 문을 닫게 되었습니다. 언젠가 꼭 방문해보고 싶었던 곳이라 아쉬운 마음이 컸는데, 어느 날 우연히 콜레트의 공식 홈페이지에 들어갔다가 깜짝 놀랐습니다. 예상과 달리 여전히 웹사이트가 존재했고, 그곳에는 그동안 콜레트를 만들었던 직원들의 모습과 인터뷰가 남아 있었기 때문입니다. 매장이 폐점하던 날 촬영한 듯한 직원들의 단체 사진도 걸려 있었죠. 역시 콜레트라는 생각이 들었습니다. 마지막까지 자신의 브랜드 이미지에 신경 쓴 모습이 무척 멋졌고, 그 과정에서 고객들에게 콜레트를 다시 한번 기억하게 만들어준 시도가 정말 신선하게 다가왔죠. 콜레트가 제작했던 다양한 컬렉션의 곡들은 여전히 애플 뮤직에서 들을 수 있습니다.

그리고 2020년, 콜레트는 또 한 번의 멋진 작업을 이어 갔습니다. 〈콜레트 몽 아무르Colette Mon Amour〉라는 1시간 분

량의 다큐멘터리 필름을 제작하여 온라인으로 공개한 것인데요. 이 다큐멘터리 필름에는 콜레트의 역사부터 디자이너 故버질 아블로, 가수 카니예 웨스트, 퍼렐 윌리엄스 등 콜레트를 사랑한 유명인들의 회고까지 담겨 있었죠. 콜레트는 이 영상을 파리, 런던, 도쿄, 뉴욕을 순회하며 상영하고 팝업 매장을 열어 관련 제품을 판매하기도 했습니다. "All good things must come to an end(모든 좋은 일에는 끝이 있기 마련이다)"라고 적힌 다큐멘터리의 포스터 속 문장은 콜레트의 오랜 팬들의 마음을 흔들기에 충분했습니다. 멋진 브랜드는 죽어서까지 고객들의 마음속에 남습니다. 적어도 저에게 콜레트는 그런 브랜드입니다.

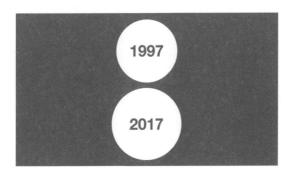

콜레트는 폐점 이후에도 웹사이트를 유지하며
브랜드 이미지를 지켰다.

폐점 시 촬영한 것으로 보이는 직원들의 단체 사진도
웹사이트에 게시되어 있었다.

〈콜레트 몽 아무르〉 포스터

브랜딩은 디자인 용어가 아니다

한번은 디자인 회사에서 강연을 제안받은 적이 있습니다. 제가 디자이너는 아닌지라 강연에서 어떤 이야기를 하면 좋을지 미리 물어보았는데, 디자이너의 시각이 아닌 저의 관점에서 브랜딩을 이야기해주면 좋겠다는 부탁을 받았습니다. 브랜딩과 디자인의 관련성을 두고 살펴봤을 때 저의 관점은 명확했는데요. 브랜딩은 디자인 용어가 아니라는 것입니다.

세상에 디자인을 거치지 않고 소비자에게 보이는 브랜드는 단 하나도 없습니다. 그만큼 디자인은 브랜드의 시각적 언어에 해당하고, 제품과 서비스의 외형을 만드는 중요한 작업입니다. 하지만 사람들의 호감을 얻는 데 외모만이 중요한 것은 아닙니다. 그 사람의 외모와 스타일뿐 아니라 생각과 행동, 태도도 큰 영향을 미치죠. 브랜딩도 이와 마찬가지라고 생각합니다. 브랜딩은 브랜드의 시각적 모습을 완성하는 작업뿐 아니라 브랜드가 가진 철학과 생각(브랜드 미션이자 업의 정의)을 명확히 구축하는 과정이자, 그다운 모습과 행동을 만드는 총체적인 행위 그리고 그 브랜드를 접하는 사람들에게 자신을 어필해가는 과정이기 때문입니다.

즉, 디자인은 브랜딩에서 하나의 요소에 해당하죠. 그러니 디자인은 브랜드의 이념이나 철학을 시각적으로 구현하는 역할을 하는 도구로서 바라보는 것이 좋습니다. 시각적인 매력도는 조금 떨어지더라도 사람들이 좋아하는 브랜드가 분명히 존재하기 때문입니다.

그래서 그날의 강연에서는 참석한 디자이너분들께 브랜딩을 디자인 용어로만 생각하지 말기를, 즉 디자인이 브랜딩의 전부는 아님을 이야기했습니다. 브랜딩을 진행하다 보면 시각적인 요소에 집중하기 쉬운데, 브랜드의 미션과 핵심 경험을 포함한 아이덴티티를 명확히 정의하는 일부터 우선으로 해야 한다고 말이죠. 사람들은 시각적 모습으로만 그 브랜드를 기억하지는 않기 때문입니다. 이 생각에는 여전히 변함이 없습니다.

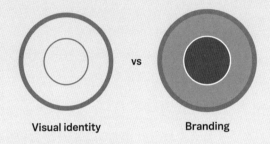

Visual identity   vs   Branding

> 디자인은 브랜딩의 한 요소다.

브랜딩을 시작하는 사람들에게

│ 유기적으로 연결되어 작동하는 브랜딩

│ 고객들이 어디서 어떻게 반응해올지는 아무도 모릅니다. 그리고 브랜딩에 있어서 차별성, 확장성, 의외성, 지속성 중 어느 하나 중요하지 않은 것도 없죠. 그렇기 때문에 우선은 가장 먼저 할 수 있는 일부터 시작해보길 권합니다. 결과가 예상만큼 나오지 않아도 좋습니다. 그런 결과들이 쌓이고 쌓이면 고객들을 통해 다시 언급되는 사례도 많기 때문입니다. 브랜딩은 칼로 무 자르듯 한 번에 깔끔하게 끝나는 일이 아닙니다. 활동들 하나하나가 다 의미 있고, 유기적으로 연결되어 고객의 마음속에 작동합니다. 이것을 경험한 사람이 저것을 보고, 저것을 본 사람이 또 무언가에 참

여하는 과정에서 우리가 의도한 브랜드의 인식이 그들 마음속에 조금씩 만들어지는 것이죠. 그러니 가장 먼저 할 수 있는 것부터 시작해보시길 바랍니다. 그리고 여러 활동들을 거듭하며 더욱 과감한 일에 도전해보세요. 무엇보다 중요한 것은 꾸준히 하는 일입니다.

작은 것부터 시작해보자

브랜딩을 시작하는 사람에게 가장 큰 부담은 처음부터 깊은 인상을 남겨야 한다는 생각에서 비롯됩니다. 그러다 보면 무엇부터 해야 할지 막막해지기 일쑤죠. 앞서 얘기한 것처럼 모든 브랜딩 활동은 유기적으로 연결되어 있으니 우선 작은 일부터 시작해보세요. 일단 작은 성공을 맛본 후 자신감을 얻어 조금씩 스케일을 키워나가는 것 또한 브랜딩을 시작하는 사람들에게 좋은 방법이 될 수 있습니다. 저 또한 29CM에 합류했을 때 처음 시도한 브랜딩 활동이 '29 ANIMALS'로, 정말 적은 예산에서 내부 직원들로 충분히 소화할 수 있는 규모의 프로젝트였습니다. 다행히 그 프로젝트의 효과가 좋았던지라 이후 미니쿠퍼 이벤트나 1000만

원 이벤트, 루시와 같이 더 큰 스케일의 과감한 브랜딩 활동
으로 이어갈 수 있었습니다.

실패에도 익숙해져야 한다

이 책에 예시로 언급했던 프로젝트들은 모두 성공적이
었지만, 저 역시도 중간중간 수많은 실패를 겪었습니다. 열
심히 한 기획에서 영 반응을 얻지 못한다거나, 숫자에 매몰
되어 담당하던 브랜드 이미지에 걸맞지 않은 방향으로 프
로젝트를 진행해버린 적도 있었죠. 하지만 기업에서 브랜
딩을 책임지는 사람이라면 이런 실패에도 익숙해질 필요가
있습니다. 아니, 익숙해진다는 표현보다는 이런 실패도 성
공을 위한 과정의 하나라고 말하고 싶습니다. 매번 성공 케
이스를 만들 수는 없잖아요. 실패를 교훈 삼아 문제점은 개
선하고 가능성은 키워서 시도를 이어가면 됩니다. 브랜딩은
우선 시도가 중요합니다. 그래야 뭐든 할 수 있어요. 실패를
두려워하지 말고 다양하게 시도하길 바랍니다.

무엇을 하든 꾸준히

무엇보다 브랜딩을 할 때 가장 중요한 태도는 꾸준함입니다. 아마도 첫 시작은 작고 미미할 수 있겠죠. 하지만 꾸준함의 힘은 생각보다 강합니다. 안타깝게도 처음 한두 번의 결과 때문에 프로젝트를 유지할 명분과 설득력이 약해져 그냥 끝나버리는 경우를 자주 목격했습니다. 브랜딩은 사람의 마음을 움직이는 작업입니다. 그것이 한두 번으로 될 리가 없죠. 무엇을 하든 일관된 모습과 메시지로 꾸준히 사람들에게 어필한다면 분명 그 브랜드에 대한 인식이 조금씩 바뀔 것입니다. 그러니 한두 번의 결과에 연연해 그 기회를 놓치지 마세요.

브랜딩은 외로운 작업이다

조금 슬프지만 브랜딩은 외로운 작업입니다. 누군가는 브랜딩을 위한 활동들이 왜 필요한지 납득하지 못할 수도 있고, 또 누군가는 브랜딩을 단지 로고 바꾸는 일 정도로 여기기도 합니다. 브랜딩이 기업의 성장에 어떤 영향을 미칠 수 있는지 이해하지 못하고, 단기간에 수치로 그 결과를 확인하고 싶어 합니다. 이런 사람들을 설득하고 결과를 보여주는 과정은 그래서 참 외롭고 힘듭니다. 특히 브랜딩은 논리의 영역이 아닌 감정의 영역에 속하기 때문입니다. 브랜딩에 대한 니즈가 높고 지지자들이 많은 환경에서 일한다면 한결 수월할지도 모릅니다. 그렇지만 환경만 탓하고 있을 수는 없죠. 꾸준한 설득과 인내심을 갖고서 계속 나아가길 바랍니다.

브랜딩에 논리나 법칙은
통하지 않는다

브랜딩은 사람의 마음을 건드리는 작업이자 그들을 우리 브랜드의 팬으로 만드는 과정입니다. 사람의 마음을 움직이는 데 논리나 법칙 같은 게 있을 리 없습니다. 만약 그런 것이 존재한다면 모두가 연애에 성공하고, 모두가 상대방에게서 원하는 것을 얻었겠죠. 끊임없이 자신을 어필하고 그들과 꾸준히 교류하며, 또 설득하고 진심을 보여주는 것 말고는 사람의 마음을 얻는 방법은 없습니다. 브랜딩도 마찬가지입니다.

좋은 브랜딩 기획을 위해
필요한 습관들

▌경쟁사 활동은 되도록 보지 않는다

▌이것은 오래전부터 제가 지켜온 습관입니다. 웬만하면 경쟁사가 지금 진행하고 있는 프로젝트들을 보지 않으려고 노력합니다. 브랜딩을 하다 보면 계속 경쟁사 사이트를 분석하고 들여다보며 그들에 비해 우리 브랜드에 부족한 것이 무엇인지 파악하고 채우려고 하게 되죠. 하지만 이러한 태도로는 차별화된 브랜딩을 펼쳐나가기 어렵다는 게 제 생각입니다. 경쟁사 사이트를 들여다보면 무의식적으로 그들의 프로젝트에 신경 쓰게 되고, 더 나아가 참고하는 경우도 발생할 수 있습니다. 이것이 오히려 창조적인 활동을 방해하죠. 그래서 저는 경쟁사 사이트를 보지 않습니다. 그보

다는 우리와 전혀 다른 업계의 활동에서 영감을 얻는 경우가 더 많습니다.

반드시 브랜드 경험과의 연관성을 생각한다

어떤 프로젝트를 진행하든 브랜드 경험과의 연결점이 없다면 잠깐의 이슈로 끝나기 쉽습니다. 그렇기에 프로젝트 하나를 기획해도 그것을 통해 브랜드의 서비스를 경험하게끔 하는 일이 중요합니다. 이것이 없다면 반쪽짜리 기획일 뿐이에요. 브랜딩을 통해 우리 브랜드를 인지시키려면, 브랜드 경험과의 연결성을 반드시 염두에 둬야 합니다.

어떤 상황에서든 질문을 던져본다

어떤 상황에서든 '왜'라는 질문을 던져보는 것이 좋습니다. 남들이 하니까 무작정 따를 게 아니라, 왜 우리도 그 방식대로 해야 하는지 먼저 의문을 가져봐야 합니다. 질문은 다른 생각을 하게 만들고, 결국 이는 다른 결과로 이어집니다. 이것이 반복되면 브랜드의 모습까지 달라지는 계기가 됩니다. 29CM는 물론이고 제가 다른 브랜드에서 기획했던 많은 프로젝트도 대부분 이러한 질문들에서 비롯되었습니다. 루시의 경우 왜 앱 푸시 알림으로 매번 광고만 전달해야 하는지, 미니쿠퍼 이벤트의 경우 왜 매번 경품 이벤트는 비슷한 방식으로 진행해야 하는지 질문을 던졌기에, 남들과 다른 새로운 방법을 찾을 수 있었습니다.

생각의 끈을 놓지 않는다

쉽게 말하자면 늘 머릿속에 내가 해결해야 할 어젠다를 품고 있으라는 뜻입니다. 당장 책상 앞에서 좋은 아이디어가 떠오르지 않더라도, 퇴근길이나 집에서 휴식을 취할 때도 계속 그 생각의 끈을 놓지 말기를 바랍니다. 생각에 투자하는 시간이 늘어날수록 남들과는 차별화된 기획이 나올 확률이 높아집니다. 제 경우 29CM 앱 푸시 서비스인 루시는 샤워를 하던 도중에 튀어나온 아이디어였고, 1000만 원 이벤트 역시 퇴근길에 구체적인 아이디어가 떠올랐습니다. 일단 아이디어가 떠오르면 바로바로 메모장에 적거나 제 메일로 보내두었습니다. 그렇게 적고 나면 여기서 파생된 또 다른 아이디어가 연달아 떠오를 때가 많았고, 그 과정에서 아이디어를 구체화할 수 있었습니다.

내가 대표라면 어떻게 할지 생각해본다

이상하게 들릴지 모르겠지만 대표에게는 이른바 '까방권(까임 방지권)'이 있다고 생각합니다. 즉, 떠올린 아이디어가 결국 실패할까 봐 걱정하는 대신 일단 해보자고 밀어붙일 수 있습니다. 누구나 실패를 두려워하지만 그 실패가 자신의 성과와 바로 직결되는 담당자와, 회사의 대표는 입장이 다릅니다. 예산에서도 담당자보다는 상대적으로 덜 민감할 수 있습니다. 이렇듯 기획 컨펌이나 예산 문제에서 조금더 자유롭기 때문에 실험적인 아이디어도 더 많이 내볼 수 있습니다. 그러니 일단 대표의 마음가짐으로 자유롭게 생각해봅시다. 그것을 진행할지 말지는 다시 현실로 돌아와 걱정할 부분이니까요.

가상의 브랜드를 만들어서 마음껏 브랜딩해본다

앞서 이야기한 부분과 비슷한 맥락인데, 상상 속에서 브랜드 하나를 떠올려봅니다. 지금 맡고 있는 브랜드와 동종 업계가 아니어도 좋습니다. 그 브랜드를 어떻게 브랜딩하면 좋을지 가상으로 여러 가지를 기획하다 보면 자기 훈련이 될 수도 있고, 그 과정에서 실제 맡고 있는 브랜드와의 연결점을 찾게 될지도 모릅니다. 무엇보다 기획의 재미를 느낄 수 있습니다. 참고로 저는 늘 상상 속에서 몇 개의 브랜드를 운영하는 중입니다. 언젠가는 현실이 되기를 바라는 마음과 함께.

케이스 스터디를
맹신하지 않는 이유

서점에 가서 마케팅, 브랜딩 관련 도서들을 살펴보면 상당수가 타 브랜드의 성공 사례를 저자 본인의 주장을 뒷받침하기 위한 케이스 스터디로 다루고 있음을 목격합니다. 그런데 여기서 유의할 점은 브랜드의 성공에는 여러 복합적인 이유가 작용한다는 것입니다. 저자가 주장하는 것 이외에도 다른 여러 가지 성공 요인이 있을 수 있다는 말이죠. 모든 비즈니스가 그렇듯 단 하나의 요인 때문에 성공하는 브랜드는 거의 없습니다. 코로나19 이후 온라인 커머스 시장과 배달 시장이 크게 성장한 것처럼 환경의 급격한 변화로 해당 시장의 수요가 늘어났을 수도 있고, 경쟁사가 예기치 못한 위기에 처해 상대적으로 매출이 반등하는 경우도 있을 수 있죠. 또 메타버스와 NFT 시장처럼 특정 브랜드의 성공이 단기간으로 끝날 수도 있습니다.

그렇기에 저자가 책에서 언급하는 내용이 해당 브랜드의 성공 요인의 전부라고 판단해서는 안 됩니다. 예를 들어 현재 테슬라의 성공이 세상에 없던 혁신적인 전기차를 내놓았기 때문일 수도 있지만, 전기차의 수요와 관심이 점점 증가할 때 그들이 가장 먼저 상용화된 전기차를 생산했기 때문일지도 모르죠. 또는 테슬라의 수장인 일론 머스크에 대한 대중의 관심이나 영향력이 테슬라의 성공에 큰 영향을 미쳤을 수도 있습니다. 즉, 직접 테슬라를 기획했거나 내부에서 성공을 경험해보지 않고서는 외부인의 시선에서 그 이유를 정확히 알기가 어렵다는 얘기입니다.

앞서 저도 프라이탁과 쿠팡맨에 매료되어 그들 브랜드의 자발적 전도사가 된 경험을 얘기했지만, 단지 저의 사적인 경험을 기술한 것이지 그것이 프라이탁과 쿠팡의 전적인 성공 요인이라고 보기에는 무리가 있습니다. 이와 반대로 다른 누군가가 제가 몸담았던 브랜드와 그곳에서 진행한 프로젝트들을 케이스 스터디로 여러 차례 언급한 적도 있었는데요. 개인적으로는 참 기분 좋고 감사한 마음이었지만, 프로젝트를 직접 기획하고 그 과정과 결과를 경험했던 브랜딩 책임자인 제가 보기엔 일부의 접근 방식은 맞고 또 일부는 그렇지 않음을 실감했습니다.

브랜딩 관련 도서들에 제시된 케이스 스터디는 저자의 주장을 뒷받침하고 이해를 돕는 좋은 예시가 될 수 있습니다. 그렇지만 케이스 스터디를 너무 맹신하기보단 해당 브랜드가 시장에서 좋은 반응을 얻게 된 여러 이유 중 하나로 받아들이는 태도가 좋습니다. 결국 중요한 건 그들이 어떻게 했는지가 아니라 내가 무엇을 할지일 테니까요.

브랜딩 기획 시
피해야 할 것들

무작정 유행 따라가기

트렌드에 민감한 게 좋지 않냐고 반문할지 모르지만, 트렌드를 인지하는 것과 무작정 따라가는 것은 전혀 다른 문제입니다. 유행을 선도할 생각이 아니라면 따라 하지 않는 편이 좋다고 생각합니다. 따라 할수록 고객은 그것을 선도하는 브랜드를 떠올릴 뿐이기 때문입니다. 한때 유행했던 맥주 시장의 레트로 컨셉 콜라보레이션 마케팅을 예로 생각해볼까요? 레트로 마케팅은 곰표 맥주가 선도했는데, 젊은 세대에게 굉장히 신선하고 재미있는 놀이처럼 다가가며 큰 인기를 끌었습니다. 문제는 이것이 성공하니 너도나도 같은 방식의 마케팅에 뛰어들었다는 점입니다. 두 번째, 세

번째 주자까지는 주목을 받았습니다. 하지만 말표 흑맥주, 골드스타(금성) 맥주에 이어 쥬시후레쉬 맥주, 유동골뱅이 맥주 등 선을 넘은 듯한 제품들이 쏟아져 나왔죠. 맥주 시장뿐 아니라 너무 많은 브랜드에서 이 레트로 마케팅의 트렌드를 좇고 있어, 오히려 지겹게 느껴질 정도였습니다. 그럴수록 저는 곰표의 활동만이 머릿속에 오래 남더라고요. 결과 역시 곰표 외 다른 맥주들은 금방 사라졌습니다. 남들과 차별화되고 또 세련되게 풀지 못한다면 이런 전략은 브랜드 차별화에 오히려 역효과를 줄 수 있습니다. 트렌드를 선도하지 못하면서 무작정 따라가는 것은 좋지 않으며, 그 안에서도 차별화를 만들지 못한다면 결국 금방 잊히고 맙니다. 이 점을 꼭 기억하셨으면 좋겠습니다.

숫자에만 매몰되는 현상

모든 활동은 '지표'를 동반합니다. 평가를 위해서는 기준이 필요하니 지표가 있는 것은 당연하죠. 문제는 수치라는 지표에만 매몰되는 현상입니다. 목표 수치를 달성하기 위해 숫자에만 매몰되다 보면, 브랜드를 어떻게 차별화할지에 대한 고민은 자칫 뒤로 미뤄두기 쉽죠. 수치보다는 고객의 반응을 보고 우리 브랜드의 방향성을 판단하는 일이 더 중요합니다. 앞서 29CM에서 진행했던 미니쿠퍼 이벤트의 성공을 말씀드렸는데요. 이 프로모션에 사용된 예산은 1억 원이었습니다. 10만 명이 앱을 설치하고 이 이벤트에 참여했으니 산술적으로 생각해보면 CPI(앱 설치당 비용)가 1000원 정도 든 것입니다. 이 이벤트는 10만 명이 참여했다는 것도 중요했지만, 그보다는 29CM가 얼마나 차별화된 브랜드인지를 많은 분에게 인지시키는 계기가 되었다는 게 더 중요합니다. 즉, 당시 29CM가 추구하는 브랜드 방향성에 부합하는 이벤트였죠. 그것으로 엄청난 이슈를 만들기도 했고요. 하지만 여기서 저는 숫자에 매몰되는 실수를 했는데요. 그다음 프로모션을 CPI 800원 정도에 맞춘 것이죠. 이것이 제가 달성할 숫자라고 생각하니 정말 하지 못할 일이 없더라고요. 어리석게도 저는 타 이벤트의 공식을 그대로 밟았습니다. 앱을 다운로드하면 800원 정도 하는 음료 하나를 선물로 주는 이벤트를 했죠. 결과는 어땠을까요? 역시나 실패였습니다. 수치 달성도 못 했지만, 그보다 더 큰 실패가 발생했는데요. 29CM가 만들고자 하는 브랜드 이미지를 오히려 망친 것이었죠. 개성 있게 미니쿠퍼를 주는 프로모션을 진행한 브랜드에서 음료수 나눠주는 이벤트를 했다니. 저는 이 실패로 좋은 레슨런을 했다고 생각합니다. 다시는 이런 프로모션을 진행하지 않았으니까요. 숫자 달성을 프로젝트의 목표로 삼는 것은 일관성 없는 브랜드 이미지를 유도할 뿐입니다. 그러니 단지 수치 달성을 위해 우리가 전달하고자 하는 브랜드의 메시지를 변경하거나 지금까지 유지해온 톤앤매너를 깨는 일은 없어야 합니다.

브랜딩은 설득이다

브랜딩은 곧 설득하는 일입니다. 최종적으로는 고객을, 그리고 프로젝트를 진행하기 위해서는 우선 회사 내부의 의사 결정권자들을 설득해야 하죠. 설득의 과정 없이 상사의 지시대로만 기획을 끌고 간다면 결국 처음의 목적은 흐려지고 브랜드가 만들고자 하는 이미지, 전달해야 하는 우리만의 가치와 메시지에 일관성을 갖추기도 어렵습니다. 브랜딩을 위해 지금 진행하는 프로젝트를 누가 가장 오랫동안 깊이 고민했는지를 잊지 말아야 합니다. 무조건 누군가의 지시를 따르는 게 아니라, 본인이 생각하는 장기적인 브랜드의 모습과 차별화가 가능한 부분들을 윗선에 잘 어 필하고 이해시키는 일이 중요합니다. 그러니 이런 부분에서 는 대표님 말씀을 너무 잘 듣지 마세요. 물론 그러기 위해서 는 대표님을 설득할 수 있는 나만의 무언가가 있어야겠죠?

브랜딩 vs 퍼포먼스 마케팅

브랜딩과 퍼포먼스 마케팅 중 무엇을 더 우선시해야 하는
지는 마케터라면 한 번쯤 고민해본 문제일 것입니다. 퍼포
먼스 마케팅은 단기간 내 성과를 내고 그 효과를 바로바로
검증할 수 있는 방법입니다. 반면 브랜딩은 장기간에 걸쳐
사람들에게 브랜드 인지도를 높이고 나아가 팬으로 만드는
행위이자 과정이죠. 이렇듯 2가지가 성격도 그 목적도 다르
기 때문에 무엇이 더 중요한지 따지는 것은 무의미합니다.
비즈니스의 초기 단계에서는 우선 제품의 반응을 확인하고
세일즈나 신규 고객 유치 등 단기간 목적을 달성하기 위해
퍼포먼스 마케팅이 더 필요하죠. 하지만 이와 동시에 우리
브랜드만의 아이덴티티를 설정하고 그에 맞게 브랜드를 알

리기 위한 활동들이 작게라도 함께 이루어지는 것이 좋습니다. 당장 비용을 쓰지는 못하더라도 어떻게 우리 브랜드의 가치를 고객에게 전달해야 하는지는 생각해봐야 하니까요.

그러나 한편으로 저는 이 2가지를 구분해서 생각하지 않고 퍼포먼스 마케팅도 브랜딩의 관점으로 바라볼 수 없는지 늘 고민합니다. 그래서 선택한 방식 중 하나가 우선 브랜드만의 핵심 경험을 정의하고, 이에 대한 소비자 반응을 검증하는 것이었습니다. 제가 브랜딩을 총괄했던 '라운즈 ROUNZ'는 AI(인공지능)와 AR(증강현실) 기술을 활용하여 실시간 가상 피팅이라는 기능을 제공하는 온라인 아이웨어 쇼핑몰이었습니다. 그렇다면 라운즈가 고객에게 전달해야 할 핵심 경험, 다시 말해 라운즈만이 가지고 있는 경쟁사와 차별화된 경험은 무엇일까요? 바로 "스마트폰 카메라 기능을 활용하여 시간과 공간의 제약 없이 수천 가지 안경을 직접 착용해볼 수 있는 가상 피팅 기술"의 경험이었죠. 이는 라운즈의 브랜드 미션이 모두가 안경을 사고 쓰는 일이 즐거운 경험이 되도록 하는 것, 브랜드 슬로건이 "세상에 없던 안경 쇼핑"인 이유이기도 했습니다. 하지만 아쉽게도 제가 합류할 당시 라운즈는 오직 제품 판매를 중심으로 한 마케팅만을 전개하고 있었습니다. 아이웨어 쇼핑을 할 수 있는 곳이 이미 세상에 넘쳐나는 상황에서 경쟁사와 차별화하기 위해서는 가격과 할인만 내세우기보다 브랜드의 핵심 경험을 강조할 필요가 있었죠. 이에 브랜드의 핵심 경험을 중심으로 한 여러 가지 브랜딩 전략을 준비하면서 그중 일부를 퍼포먼스 마케팅에 접목했습니다. 다양한 개성과 얼굴형을 가진 모델들이 실제로 라운즈 앱을 사용해 안경을 가상 착용해보는 모습을 영상으로 담아 소재를 바꿔가며 퍼포먼스 광고를 집행했는데요. 그 목적은 명확했습니다. 사람들이 라운즈의 핵심 경험, 즉 가상 피팅에 얼마나 관심을 가지고 반응하는지 지표를 통해 알아보기 위해서였죠. 약 4개월간 아이폰 사용자에게만 한정하여 인스타그램 스토리와 피드를 중심으로 다양한 인물들의 가상 피팅 경험을 보여줬습니다(당시 AR 가상 피팅 경험은 아이폰에서만 제공되었습니다. 현재는 안드로이드에서도 경험할 수 있습니다). 결과는 생각보다 놀라웠는데요. 앱 다운로드 수치가 급격하게 늘어났던 것입니다. 가상 피팅이라는 핵심 경험을 전달한 결과, 앱을 설치한 유저들은 이것을 적극적으로 사용해보기 시작했습니다.

앱을 설치한 유저 1명당 평균 60회 이상 아이웨어를 착용해 본 것으로 나타났는데, 이는 광고 집행 이전보다 평균 6배 정도 늘어난 수치였죠. 이와 함께 월 활동 유저들의 숫자도 크게 늘어나기 시작했습니다. 가장 흥미로웠던 결과는 집 행한 광고 소재에 사람들이 댓글을 달기 시작했다는 점입 니다. 신기하다, 유용하다는 댓글과 함께 대부분 주변 친구 들을 태그로 소환해 라운즈 앱을 소개했죠. 이러한 결과는 라운즈가 추구하는 핵심 경험이 소비자에게 충분히 어필할 수 있음을 확인해주었습니다. 앱스토어 리뷰 수는 가상 피 팅을 칭찬하는 내용으로 금세 1000개가 훌쩍 넘었고, 평점 역시 5점 만점에 4.8점에 달했습니다.

　브랜드 핵심 경험을 정의하고 이것을 퍼포먼스 마케팅 의 방식을 활용하여 검증해본 과정은 다양한 브랜딩 활동 을 준비함에 앞서 많은 것을 시사해주었습니다. 브랜딩과 퍼포먼스 마케팅은 아예 다른 영역으로 간주되는 일이 보 통이지만, 이처럼 퍼포먼스 마케팅도 브랜딩의 관점으로 바 라보고 활용한다면 여러 측면에서 인사이트를 얻을 수 있 고 시너지도 낼 수 있을 것입니다.

브랜딩 디렉터의 역할

저도 브랜드 마케터라는 타이틀을 달고 일할 때가 있었고 지금도 그 역할에서 크게 벗어나 있지는 않지만, 브랜드 마케터와 브랜딩 디렉터는 그 역할의 범위 면에서 분명 차이가 있습니다. 한마디로 말씀드리면 브랜딩 디렉터는 브랜드 마케터보다 큰 그림을 보는 사람입니다. 즉, 브랜드를 어떻게 알릴지에 앞서 무엇을 알릴지를 고민하는 역할이 더 크다고 생각합니다. 이는 지금까지 살펴봤던 것처럼 자신이 몸담고 있는 브랜드가 어떤 특징과 차별점을 갖고 있는지 그리고 고객에게 전달해야 하는 경험은 무엇인지를 정의하는 일입니다. 브랜드 미션과 연결시켜서 말이죠.

몇 차례 말씀드렸듯이 브랜딩 디렉터는 브랜딩을 마케

팅의 영역으로만 봐서는 안 됩니다. 서비스의 영역, 디자인의 영역, 기술의 영역, 더 나아가 CS의 영역까지도 모두 브랜딩과 연결되어 있기 때문입니다. 그렇기에 서비스 기획 부서와도 긴밀히 협업하여 그 방향을 설정해야 하죠. 고객에게 보이는 부분인 디자인 영역, 심지어 브랜드에 관한 퍼포먼스 광고들 또한 마찬가지입니다. 그것이 브랜드의 이미지를 훼손하고 있지는 않은지, 그렇다면 어떤 방향으로 개선하면 좋을지 해당 부서와 함께 고민하고 방향을 제시해 이끌어야 합니다. 즉, 고객이 브랜드와 만나는 모든 접점이 브랜딩의 영역이라 생각하고 이를 통해 브랜드를 차별화하는 방향을 꾀해야 합니다. 또한 브랜딩 디렉터는 본인 스스로가 브랜드의 전도사를 자처해야 하죠. 앞서 강연 제안에 적극적으로 응하는 이유에서도 말했듯이, 우리 브랜드를 알릴 기회가 있다면 절대 놓치지 말아야 합니다. 결국 브랜딩 디렉터는 브랜드의 책임자이자 브랜드 이름을 달고 나가는 모든 것의 중요한 의사 결정권자가 되어야 합니다. 브랜딩 디렉터와 브랜드 마케터의 역할에 대해 다음과 같이 차이점을 정리해보았습니다.

장기적 전략과 단기적 실행

브랜딩 디렉터는 브랜드의 장기적 전략과 비전을 수립하고 관리하는 데 더 중점을 둡니다. 전략이 있어야 그 전략에 맞게 다양한 실행을 할 수 있기 때문입니다. 반면, 브랜드 마케터는 이러한 전략을 실행에 옮기고, 단기적인 브랜딩 활동이나 브랜드 캠페인을 통해 실질적인 결과를 이끌어내는 역할을 합니다. 물론 결과를 책임지고 관리하는 것은 브랜딩 디렉터의 역할이 더 크지만, 그 전략을 바탕으로 실제 실행하는 부분은 브랜드 마케터가 더 적극적으로 움직여야 합니다.

중심의 차이

브랜딩 디렉터는 브랜드의 아이덴티티, 포지셔닝, 철학, 고객에게 전달해야 하는 메시지 등 큰 그림을 기획하고, 어떻게 경쟁 시장에서 차별화할 수 있는지, 브랜드만의 독자적인 경험은 어떻게 구축해야 하는지를 집중적으로 고민합니다. 반면, 브랜드 마케터는 이러한 큰 그림을 바탕으로 다양한 미디어를 통해 소비자와의 접점을 관리하고, 브랜드 메시지를 효과적으로 전달하는 데 집중합니다.

성장과 성과

브랜딩 디렉터는 브랜드의 일관성과 장기적인 성장을 중시하며, 브랜드가 모든 접점에서 동일한 이미지와 감성, 경험을 전달하도록 가이드합니다. 그리고 브랜드 마케터는 주로 이것을 위한 캠페인, 마케팅 등을 진행하고, 프로젝트별 성과 달성을 중심으로 합니다. 즉, 브랜드 마케터는 전체적인 브랜딩 전략하에 프로젝트를 기획하고 실행하는 역할을 합니다.

중요한 것은 팀워크와 시너지

이렇듯 브랜딩 디렉터와 브랜드 마케터는 서로의 역할이 상호 보완적입니다. 브랜딩 디렉터는 브랜드의 장기적 성공을 위한 전략을 제시하고, 브랜드 마케터는 그 전략을 바탕으로 실질적인 마케팅 활동을 통해 브랜드 가치를 소비자들에게 전달하며 성과를 창출하는 역할을 합니다. 두 역할 모두 브랜드의 성공에 필수적이며, 긴밀하게 협력하여 브랜드를 발전시켜야 합니다.

그럼에도 불구하고

브랜딩 디렉터는 결국 브랜드 마케터를 움직이게 하는 사람입니다. 그러므로 브랜드 마케터의 모든 실행에 적극 관여해야 하죠. 실제로 저는 아이데이션 단계에서부터 굉장히 적극적으로 참여하고 리드하기도 합니다. 서로의 믿음도 좋지만 결국 전체적인 브랜딩을 이끌어가는 역할은 브랜딩 디렉터이기 때문입니다. 그러기 위해 브랜딩 디렉터는 브랜드 마케터 경험이 반드시 있어야 합니다. 이런 과정 없이 브랜딩 디렉터의 포지션을 얻기는 쉽지 않습니다. 저 역시 브랜딩 디렉터라는 타이틀을 달고 있지만 오랜 기간 브랜드 마케터로 경력을 쌓았습니다. 그러니 브랜딩 디렉터가 되고 싶다면 브랜드 마케터의 경력이 꼭 필요하다는 점을 잊지 말았으면 합니다.

좋은 브랜드 마케터의 조건

어느 기업이나 채용은 늘 필요하고, 이는 저에게도 마찬가지입니다. 저는 직책상 수많은 브랜드 마케터의 이력서를 검토하고 면접을 볼 기회가 있었습니다. 이때 느낀 점들을 토대로 제가 생각하는 좋은 브랜드 마케터의 조건에 대해 얘기해보려 합니다.

직장이 아닌 직업이 중심인 사람

경험상 직장인은 두 부류로 나뉜다고 생각합니다. 바로 직'장'이 중심인 분과 직'업'이 중심인 분입니다. 전자에게 중요한 것은 회사의 인지도, 안정성, 복지 등이고 후자에게 중요한 것은 기회, 역할, 성장성 등일 텐데요. 물론 추구하는 바가 다를 뿐 어느 쪽이 좋고 나쁘다고 말할 수는 없지만, 좋은 브랜드 마케터라면 후자에 더 가까워야 한다고 생각합니다. 인지도 높은 브랜드의 브랜드 마케터라는 타이틀에 대한 욕심보다, 비록 현재 인지도는 낮지만 어떻게든 자신이 맡은 브랜드를 성공시켜서 그것을 나의 커리어 성장과 연결하려는 열정 혹은 욕심이 굉장히 필요하기 때문입니다.

브랜딩에 대한 본인만의 명확한 생각

면접을 볼 때 제가 늘 하는 질문이 있는데요. 본인이 생각하는 브랜딩은 무엇인지와, 그런 생각을 갖게 된 경험이나 이유가 따로 있었는지를 물어봅니다. 브랜드 마케터라면 이 질문에 대한 본인만의 생각을 명확히 말할 수 있어야 합니다. 하지만 안타깝게도 조목조목 본인이 생각하는 답을 얘기하는 면접자는 그리 많지 않습니다. 이것에 대해 명확히 답변만 해도 그 사람이 평소 얼마나 브랜딩에 관심이 있는지를 바로 알 수 있는데 말이죠. 따라서 브랜딩에 대한 본인만의 생각이 얼마나 명확한지는 브랜드 마케터에게 굉장히 중요한 요인입니다. 그래야 저와 합을 맞추기도 좋고, 브랜딩에 대한 이해가 있으니 좋은 시너지도 낼 수 있습니다.

뻔하지 않은 포트폴리오

저는 늘 면접자분들께 이력서와 포트폴리오를 함께 제시해달라고 요구합니다. 포트폴리오만 봐도 면접자의 기본적인 브랜딩 역량을 어느 정도 가늠할 수 있기 때문입니다. 브랜딩을 하는 사람이라면 자신의 포트폴리오 역시 남들과 차별성 있게 준비해야 한다고 생각합니다. 그 내용부터 전개 방식 그리고 디자인까지도 말이죠. 하지만 대부분의 포트폴리오는 정말 평범하기 그지없습니다. 이력서의 내용에 이미지만 첨부하여 전달하는 경우도 꽤 많고, 포트폴리오를 자기소개서로 대체하시는 분도 있었죠. 포트폴리오의 레이아웃 역시 비슷비슷한 경우가 많았습니다. 사실 여기에서 보고 싶은 것은 진행했던 프로젝트의 과정과 결과 그리고 그 전개 방식에 대한 센스입니다. 포트폴리오 중 기억에 남는 사례는 PPT나 PDF가 아닌 '노션'을 이용해 별도 URL

로 전달한 경우였습니다. 그 안에 브랜딩에 대한 관심도와 업무 능력을 기술하고, 본인이 진행한 프로젝트를 폴더별로 정리해서 제시했는데요. 각 폴더에는 프로젝트를 진행하게 된 배경, 문제를 해결하기 위한 본인만의 접근법, 프로젝트 기여도, 결과와 아쉬운 점 등이 이미지와 영상으로 상세히 담겨 있었죠. 시니어 브랜드 마케터를 뽑는 자리에 지원하신 이분은 연차가 기준보다 낮았지만, 이런 포트폴리오를 만들 수 있는 사람이라면 브랜드 마케터로서 역량이 좋다고 판단하여 그분을 모시려 했던 기억이 있습니다. 이처럼 브랜드 마케터에 지원하는 분이라면 자신의 포트폴리오에 무엇을 담아야 하고 그것을 어떻게 보여줄지에 더 신경을 써야 합니다.

좋아하는 브랜드에 대한 뚜렷한 이유

브랜드 마케터라면 자신이 좋아하는 브랜드가 분명히 있어야 합니다. 그리고 얼마나 그 브랜드에 빠져 있고, 실제로 그것을 얼마나 소유했는지도 좋은 브랜드 마케터의 척도 중 하나라고 생각합니다. 어떤 브랜드인지는 중요하지 않습니다. 그보다는 해당 브랜드를 좋아하는 이유와 내 삶에 어느 정도의 영향을 미치는지가 더 중요하죠. 특정 브랜드에 빠져본 경험이 있는 사람이라면 어떤 포인트에서 사람들이 브랜드를 좋아하는지에 대한 공감력이 있을 테고, 그래야 내가 맡은 브랜드도 어떻게 사람들에게 어필할지 알 수 있다고 생각합니다.

자신만의 브랜드를 만들어보고 싶은 욕심

브랜드 마케터의 최종 목표는 무엇일까요? 브랜딩에 열정이 있는 사람이라면 분명 언젠가 자신만의 브랜드를 만들고 싶은 꿈이 있으리라 생각합니다. 저 역시 마찬가지입니다. 그만큼 이 일을 좋아하고 브랜딩의 힘을 직·간접적으로 경험했으며 이를 기반으로 나만의 차별화된 멋진 브랜드를 꿈꾸고 있는 사람이라면, 지금 자신이 몸담고 있는 브랜드도 그렇게 만들려는 의지가 강한 사람일 확률이 높습니다.

다양한 트렌드와 문화에 대한 관심

좋은 브랜드 마케터라면 요즘 유행하는 문화와 다양한 트렌드에 관심이 많아야 한다고 생각합니다. 자신만의 뚜렷한 취미활동도 있으면 더 좋죠. 이런 것들에서 다양한 아이디어를 얻을 수도 있고, 자신의 업무와 연결 지을 수도 있기 때문입니다. 실제로 일에만 몰입하는 사람보다는 퇴근 후 혹은 주말에 다양한 문화 활동을 즐기는 사람이 함께 일했을 때 더 시너지가 발생함을 종종 경험했습니다. 좋은 기획은 책상에서 나오지 않습니다. 오히려 많은 경험을 하고 그것을 어떻게 우리 브랜드와 연결하는지가 더 중요합니다. 그러니 밖으로 나가서 많은 경험을 하시기 바랍니다.

물론 면접만으로 100% 그들의 역량을 알기란 불가능에 가깝고, 좋은 브랜드 마케터의 조건은 기업마다 우선순위가 모두 다릅니다. 하지만 저는 이런 항목들에서 어느 정도 그 사람의 브랜딩 역량과 잠재력을 파악할 수 있다고 생각합니다. 그래서 브랜드 마케터 면접을 볼 때마다 이런 점들을 최대한 꼼꼼히 들여다보려 노력하는 중입니다.

퍼스널 브랜딩에 대한 단상

요즘 퍼스널 브랜딩에 대한 관심도가 매우 높습니다. 퍼스널 브랜딩에 관한 책이나 유튜브 콘텐츠도 무척 많죠. 퍼스널 브랜딩에 대한 제 생각은 예전이나 지금이나 명확합니다. 즉, 자기 업에서의 성과가 곧 자신만의 브랜드를 만든다고 생각합니다. 그래서 퍼스널 브랜딩의 방법에 대해 따로 공부하기보다는, 지금 본인이 맡은 일에서 좋은 성과를 내기 위해 노력하는 것이 훨씬 더 중요합니다. 좋은 성과가 반복되면 자연스럽게 자신의 이름이 누군가를 통해 알려지게 되어 있으니까요. 그러니 절대 쑥스러워하지 말고 자신의 업무 성과를 적극적으로 주변에 많이 알리세요. 소셜미디어 계정을 통해서도 좋고, 블로그나 브런치 등을 이용해도 좋습니다. 결국 퍼스널 브랜딩도 남들과 구별되는 나만의 가치를 만드는 행위라 할 수 있습니다. 그러니 그 가치를 다른 곳이 아닌 내 일에서 찾아보세요. 내가 가장 많은 시간을 보내고 또 투자하는 것이 나의 일이니까요.

오래도록
사랑받는 브랜드가 되려면

예전에 한 세미나에서 누군가 저에게 이런 질문을 했습니다. 오래도록 사랑받는 브랜드가 되려면 어떤 부분을 중요시해야 하느냐고요. 많은 사람에게 사랑받는 브랜드라면 분명 그 브랜드만의 매력을 갖고 있을 겁니다. 남들보다 뛰어난 전문성이든, 독특한 개성이든, 혹은 위트나 센스든지 말입니다. 그렇기에 브랜딩을 할 때는 브랜드의 매력을 어떻게 남들에게 잘 보여주고 전달할 수 있을지 그리고 그 매력을 어떻게 더 뾰족하게 다듬을지를 먼저 고민해야 합니다.

자기만의 매력

한번 누군가에게 자기 매력을 어필하는 것도 중요하지만, 늘 그 모습을 유지하는 일 또한 무척 중요하죠. 사람들이 기대하는 모습을 꾸준히 보여주어야 합니다. 그래야 처음 받았던 브랜드에 대한 인상이 오래가고, 그것을 사람들에게 각인시킬 수 있습니다. 이렇듯 일관성과 지속성은 그 브랜드만의 차별성만큼이나 중요하죠. 첫인상이 좀 별로였다고 해도 이후 한결같은 모습을 보인다면, 그 이미지로 더욱 단단한 인상을 남길 수도 있습니다.

마지막 인상

그 사람 혹은 그 브랜드가 나의 기억에서 어떤 마지막 인상을 남겼는지도 중요한 요인 중 하나입니다. 앞서 피크엔드 법칙에서도 이야기한 적 있듯이, 가장 최근의 기억이 첫인상만큼이나 사람들의 인지에 미치는 영향이 크기 때문입니다. 그렇기에 고객들의 기억에 좋은 인상을 심어주기 위해서는 그 지점에서 어떤 모습을 보여줄 수 있을지 항상 고민해야 합니다.

정리하자면 오래도록 사랑받는 브랜드가 되기 위해선 우리 브랜드만의 차별점을 고객들에게 일관되게 꾸준히 어필해야 합니다. 그리고 이를 통해 브랜드를 계속 사용할 이유를 고객들에게 만들어줘야 합니다.

에필로그

저는 브랜딩이란 맨바닥부터 차곡차곡 벽돌을 쌓아 집을 지어 올리는 과정과 비슷하다고 생각합니다. 먼저 어떤 형태의 집을 지을지 고민하고, 기초공사를 튼튼히 한 다음, 한번에 뚝딱 완성하는 것이 아니라 오랜 시간 한 단계 한 단계 쌓아 올려야 합니다. 그 과정에서 수많은 시행착오를 겪으며, 때로는 쌓은 것을 무너뜨리고 다시 쌓기를 반복하기도 하고요.

하지만 어떤 집을 짓겠다는 명확한 목표와 열정이 있다면, 또 여러 차례 실패해도 묵묵히 앞으로 나아간다면 결국 원하는 좋은 집을 지을 수 있을 것입니다. 많은 사람이 한 번쯤은 방문하고 싶어 하고, 방문하고 나면 쉽게 잊지 못하는 그런 집 말이에요. 그리고 집을 완성했다고 다 끝난 것이 아닙니다. 앞으로도 계속 멋진 집으로 남을 수 있도록 유지 보수하고, 가꾸는 작업도 꾸준히 해야 하죠.

브랜딩 또한 설계와 기초가 중요하고, 그 과정은 길며 순탄치 않습니다. 하지만 잘 만들어진 브랜드는 많은 팬을 확보하며 오래도록 사람들의 기억에 남고, 이후에 무엇을 해도 쉽게 주목받습니다. 물론 브랜드의 이미지를 꾸준히 유지하기 위해서는 그 브랜드다운 모습을 계속 보여줘야 하겠죠.

사실 고백하자면 저는 지금도 브랜딩이 어렵습니다. 명확한 목표를 가지고 있다고 해도 사람의 마음을 얻는다는 게 어디 쉬운 일인가요? 한 치 앞도 예측할 수가 없습니다. 그러나 한편으로는 브랜딩을 하는 것이 여전히 즐겁습니다. 브랜딩을 위해 고민하고 만들어내는 그 많은 것들이 어떤 결과를 일으킬지 예상할 수 없기 때문이죠. 다양한 브랜딩 활동을 통해 사람들이 우리 브랜드를 좋아하게 되거나 팬이 되는 모습을 직접 눈으로 보면 어디에서도 느낄 수 없는 짜릿함을 경험하게 됩니다. 그것은 중독성이 매우 강해서 일단 맛보면 더욱 매진할 수밖에 없어요.

이 책을 읽는 여러분도 자신이 몸담고 있는 브랜드에서 저와 같은 경험을 해보면 좋겠습니다. 글에 담긴 제 생각과 경험들이 여러분의 여정에 보탬이 될 수 있다면 더없이 보람되고 행복할 것 같습니다. 그럼 건투를 빕니다.

그래서 브랜딩이 필요합니다

수많은 이름 중에 단 하나의 브랜드가 되기 위한 방법

2025년 1월 24일 초판 1쇄 발행

지은이 전우성
펴낸이 김은경
편집 권정희, 한혜인, 장보연
교정교열 김주연
마케팅 박선영, 김하나
디자인 황주미
경영지원 이연정
펴낸곳 ㈜북스톤
주소 서울특별시 성동구 성수이로7길 30, 2층
대표전화 02-6463-7000
팩스 02-6499-1706
이메일 info@book-stone.co.kr
출판등록 2015년 1월 2일 제 2018-000078호

ISBN 979-11-93063-75-0 (03320)

북스톤은 세상에 오래 남는 책을 만들고자 합니다. 이에 동참을 원하는 독자 여러분의 아이디어와 원고를 기다리고 있습니다. 책으로 엮기를 원하는 기획이나 원고가 있으신 분은 연락처와 함께 이메일 info@book-stone.co.kr로 보내주세요. 돌에 새기듯, 오래 남는 지혜를 전하는 데 힘쓰겠습니다.